Hannah Fleßner | Bernd Flessner

111 Orte in der Krummhörn, die man gesehen haben muss

111

emons:

Bibliografische Information der Deutschen Nationalbibliothek
Die Deutsche Nationalbibliothek verzeichnet diese Publikation in der Deutschen Nationalbibliografie; detaillierte bibliografische Daten sind im Internet über http://dnb.de-nb.de abrufbar.

MIX
Papier | Fördert gute Waldnutzung
FSC® C083411

Gestaltung: Eva Kraskes, nach einem
Konzept von Lübbeke | Naumann | Thoben
Kartografie: altancicek.design, www.altancicek.de
Kartenbasisinformationen aus Openstreetmap,

Druck und Bindung: CPI – Clausen & Bosse, Leck
Printed in Germany 2022
ISBN 978-3-7408-1216-4

Vorwort

Welches Bauwerk fällt Ihnen spontan ein, wenn von der Krummhörn die Rede ist? Wahrscheinlich der Pilsumer Leuchtturm oder die Greetsieler Zwillingsmühlen. Bekannt sind auch der von der Presse oft thematisierte Trockenstrand von Upleward oder das strukturell noch intakte Warftendorf Rysum, das letzte erhaltene seiner Art. Auch den Greetsieler Hafen darf man nicht vergessen. Hinzu kommen natürlich Deiche, in Ostfriesland immer im Plural, da Deichabschnitte gemeint sind. Hinzu kommen außerdem die unendlichen Weiten auf beiden Seiten dieser Deiche. Damit endet für viele Besucher der Region aber auch schon das weithin Bekannte.

Doch die Krummhörn hat viel mehr zu bieten. Wo etwa legten vor 100 Jahren die Torfschiffe an? Wo liegt die größte und längste Muschelbank? Wo arbeitet noch eine Lokomobile? Wo kann man in einem alten Radarturm wohnen? Wo findet man den tiefsten Punkt? Wo steht das Geburtshaus von Ubbo Emmius? Und was hat Uttum mit der Micky Maus zu tun? Wo kann man in eines der letzten Vörstahnfenster schauen? Wo wird mitten auf einem Schlafdeich geschlafen? Wo liegen die Reste von legendären Häuptlingsburgen? Wo hängen die Kirchenglocken nicht im Turm, sondern auf dem Erdboden? Wo wurde aus Kleipütten ein Vogelparadies? Wo gibt es noch einen Bummert? Wo kann man sich mit einer Pünte selbst über ein Tief ziehen? Wo steht die Teebüss? Wo zeigt ein Bronzemodell die Vergangenheit? Wo kann man eine Fresnel-Linse bewundern? Wo kann man in einem alten Gulfhof klassische Klaviermusik genießen? Wo steht der letzte Flutter? Wo finden Schlickschlittenrennen statt? Und wo werden Meisterschaften im Murmeln ausgetragen?

Antworten gibt dieses Buch, das in keiner Weise den Anspruch erhebt, vollständig zu sein. Denn leider durften wir nur 111 Orte auswählen und nicht 1.111. Aber dennoch wünschen wir viel Spaß bei der kleinen Entdeckungsreise durch die Krummhörn.

Hannah Fleßner und Bernd Flessner, 2022

111 Orte

Käse-Hof-Laden

1 Der Glockenturm

Quadratisch, frei stehend, imposant

Das kleine Dorf Campen wurde vor mehr als 1.000 Jahren als »Campum« auf einer Rundwarft gegründet. Im 10. Jahrhundert war es als »Campe maiori« bekannt. Die Ortschaft liegt im südlichen Teil der Krummhörn zwischen Loquard und Upleward. Dicht gedrängte Häuser und schmale Gassen, in Ostfriesland auch Lohnen genannt, charakterisieren das hübsche Dorf mit den zwei Kirchen.

Die ältere der beiden stammt noch aus dem 13. Jahrhundert und wurde auf dem höchsten Punkt des Runddorfes errichtet. Die zweite Kirche ist wesentlich jünger. Sie wurde 1905 erbaut und gehört der im 19. Jahrhundert entstandenen altreformierten Gemeinde. Das Besondere an der Einraumkirche aus dem 13. Jahrhundert ist der frei stehende Glockenturm. Er beherbergt – neben der Kirche in Woquard – eine der ältesten Glocken Ostfrieslands aus dem Jahre 1295. Die Einprägung verrät: »*Anno Domini MCCXCV facca sum a Aembone*« (Im Jahre des Herrn 1295 wurde ich von Embo gegossen). Dieses Datum ist vermutlich auch das Jahr des Kirchenbaus. Die von außen recht schlichte Backsteinkirche nach niederländischem Vorbild beeindruckt durch ihre kunstvolle und aufwendige Gewölbegliederung. Durch die Restaurierungsarbeiten zwischen 1938 und 1939 konnten Teile der mittelalterlichen Malereien an Wänden und Decke wieder freigelegt werden. Neben geometrischen Formen, Flechtwerk, Webmuster, Schachbrett- und Fischgrätenmuster in den Farben Rot, Weiß und Schwarz finden sich auch figürliche Darstellungen. Hier wird der »göttliche« Kampf zwischen Gut und Böse gezeigt. Das Ganze wird zusätzlich von detailreichen Steinornamenten geschmückt.

Neben der wunderschönen Innenausstattung bietet die Kirche regelmäßig viele Aktivitäten, Fortbildungen und Familienfreizeiten an. Wer dem Schmuckstück und dem imposanten Glockenturm einen Besuch abstatten möchte, der braucht nur nach der passenden Straße in Campen Ausschau zu halten: Am Glockenturm 1.

Adresse Am Glockenturm 1, 26736 Krummhörn | Anfahrt von Emden auf der Krummhörner Straße in Richtung Rysum fahren und weiter nach Campen, rechts in die Arend-Weber-Straße, dann die zweite Straße rechts | Öffnungszeiten nur von außen zu besichtigen, Infos zur Besichtigung der Kirche unter www.reformiert.de/gemeinde/campen | Tipp Sehenswert ist auch die altreformierte Kirche (Am Langen Graben 4), die 1905 errichtet wurde.

2 Das Haus der Landarbeiterfamilie

Das Leben war kein Ponyhof

Bis weit ins 20. Jahrhundert hinein gab es in der Krummhörn einen heute verschwundenen Beruf, nämlich den des Landarbeiters. Er lebte meist in einem kleinen Landarbeiterhaus am Rand einer der Warften. In diesen kleinen Häusern wohnten oft große Familien auf engstem Raum. Ihren Lebensunterhalt verdienten die Landarbeiter auf den Gulfhöfen, die reichen Bauern gehörten. Die waren die Könige der Warften, während die Landarbeiter weitgehend besitz- und rechtelos waren. Noch dazu reichte die Arbeit für die Bauern meist nicht aus, um die Familie zu ernähren. Das war nur mit Hilfe eines Gemüsegartens möglich. Manchmal wurde auch Land vom Bauern gepachtet. Doch lag dieses Land oft nicht auf der Warft, sondern kilometerweit entfernt. Das Saatgut mussten die Landarbeiter stellen, während die Bauern die Hälfte der Ernte als Pacht verlangten. Mit einer Holzschubkarre oder einem Tragejoch mussten Kartoffeln und Steckrüben zur Warft gebracht werden. Die Ausbeutung fand hier eine Fortsetzung, wie zahlreiche Berichte aus dem 19. und 20. Jahrhundert zeigen.

Wer einen Blick in eines der wenigen erhaltenen Landarbeiterhäuser werfen will, kann dies im Ostfriesischen Landwirtschaftsmuseum in Campen tun. Das Landarbeiterhaus liegt, von der Krummhörner Straße aus gesehen, hinter den beiden Gulfhöfen des Museums. Daher wird es leicht übersehen. Außerdem ist es nicht immer geöffnet. Am besten, man fragt an der Kasse nach. Doch schon der Blick von außen vermittelt einen guten Eindruck, wie karg und hart das Leben dieser Landarbeiter gewesen sein muss. Die Matratzen waren mit Stroh gefüllt, der Fußboden bestand aus gebrannten Klinkern, im Winter war es bitterkalt. Der Bauer hingegen lebte wie ein Fürst und herrschte über seinen kleinen Hofstaat.

Adresse Tannenweg 2, 26736 Krummhörn | **Anfahrt** von Emden auf der Krummhörner Straße in Richtung Rysum fahren und weiter nach Campen, rechts in die Arend-Weber-Straße, dann die zweite Straße rechts und gleich wieder rechts in den Tannenweg | **Öffnungszeiten** Osterferien und 1. Mai–Mitte Okt. Di–Fr 10–17 Uhr | **Tipp** In der Birnbaumstraße 1 steht ein altes Landarbeiterhaus aus dem 19. Jahrhundert.

3_Die Lokomobile

Dreschen mit Volldampf

Nach der Erfindung der Dampfmaschine hielt die Industrialisierung auch Einzug in die Landwirtschaft. Statt Pferden und Ochsen übernahmen nach und nach Maschinen das Pflügen oder Dreschen. Dazu war es erforderlich, Dampfmaschinen einsetzen zu können, die mobil waren. Denn die wesentlichen Arbeiten in der Landwirtschaft finden nun einmal auf Feldern und Äckern statt. Um also eine Dampfmaschine an beliebigen Orten nutzen zu können, musste sie mit großen Rädern ausgestattet sein.

Ab 1810 konnten die ersten Maschinen dieser Art von Zugtieren auf die Felder geschleppt werden. Dort dienten sie vor allem zum Antrieb von Dreschmaschinen, wobei die Kraft mit Hilfe von Transmissionsriemen übertragen wurde. Ab und zu wird dieses Ensemble noch auf Museumstagen hier und dort vorgeführt. Was heute ausgesprochen antiquiert wirkt, war damals ein enormer Fortschritt. Die Arbeit wurde erheblich beschleunigt, gleichzeitig konnten an einem Tag große Mengen an Getreide mit nur wenigen Helfern gedroschen werden. Bis in die 1970er Jahre waren diese Lokomobilen im Einsatz, bevor sie endgültig von Mähdreschern abgelöst wurden.

Heute sind Lokomobilen ausgesprochene Raritäten, denn nur wenige haben die Zeit überdauert. Eine von ihnen ist im Ostfriesischen Landwirtschaftsmuseum in Campen zu besichtigen. Das Museum selbst ist das Resultat eines Forschungsprojekts aus den Jahren 1979 bis 1984 zum Thema »Arbeit und Gerät der Bauern und Landhandwerker 1850–1950«. Im Zuge des Projekts wurden rund 500 landwirtschaftliche Geräte, Werkzeuge und Maschinen gesammelt und restauriert, zumeist von freiwilligen Helfern. Die einzigartige Sammlung wurde schließlich in zwei Gulfhäusern in Campen untergebracht und in das Landwirtschaftsmuseum umgewandelt. Auch die Lokomobile, die von einem Trecker gezogen wird und einen umlegbaren Schornstein besitzt, hat hier eine Unterkunft gefunden.

Adresse Tannenweg 1, 26736 Krummhörn | Anfahrt von Emden auf der Krummhörner Straße in Richtung Rysum fahren und weiter nach Campen, schräg gegenüber den beiden Gulfhöfen des Museums parken | Öffnungszeiten Osterferien und 1. Mai–Mitte Okt. Di–Fr 10–17 Uhr | Tipp Im Röttjeweg 2 befindet sich der Gulfhof Petersen von 1884, umgeben von einer alten Graft.

4 Die Muschelbank

Kalk auf der hohen Kante

Bei gutem Wetter hat man im Naturschutzgebiet Campen einen wunderbaren Blick auf die weiß leuchtenden Muschelbänke. Wer einen Spaziergang auf dem Deich macht, kann entlang des weißen Streifens gehen. Weiter kommt man jedoch nicht, da das Naturschutzgebiet ein Betreten verbietet, um die dort lebenden Tiere zu schützen. Doch was sind Muschelbänke eigentlich genau?

Sie bestehen tatsächlich aus unzähligen Miesmuscheln, die sich auf Sedimenten des Wattenmeeres angesiedelt haben. Die Tiere verankern sich mit Hilfe ihrer sogenannten Byssusfäden. Das verhindert, dass die Muscheln von der Strömung mitgerissen werden. Die Fäden können die Tiere mittels einer Drüse an ihrer Fußbasis produzieren. Es sind Eiweißfäden, welche die Fußspitze des Tieres am Untergrund befestigen.

Die Muschelbänke im niedersächsischen Wattenmeer werden geschützt, da es sich um ein Biotop für viele verschiedene Tierarten handelt. Die Strömungsgeschwindigkeit wird über den Muschelbeeten stark verlangsamt, sodass sich hier Schwebstoffe ansammeln können. Sie sind eine gute Nahrungsquelle für Ringelwürmer. Außerdem bieten die Muschelbänke durch ihre Struktur geeignete Verstecke und Rückzugsgebiete für viele Fische und Strandkrabben. Sogar die Wat- und Wasservögel finden hier Nahrung, da Pflanzen an den Muschelbänken und in der näheren Umgebung wachsen.

Die Muschelbänke sind also zu Recht ein schützenswertes kleines Paradies für viele Meeresbewohner. Doch auch die Menschen nutzen die Muschelbänke und bewirtschaften sie. Allerdings ist nur eine nachhaltig kontrollierte Nutzung erlaubt. Mittels Luftbildaufnahmen wird der Bestand der Muschelbänke überwacht und kartiert. Damit hat man die Muscheln ständig im Blick. Ein Ausflug ins Naturschutzgebiet lohnt sich also in jedem Fall. Man kann direkt beim Campener Leuchtturm auf den Deich, die Muschelbänke sind hier definitiv ein optisches Highlight.

Adresse Leuchtturmstraße 5, 26736 Krummhörn | Anfahrt von Emden auf der Krummhörner Straße in Richtung Rysum fahren und weiter nach Campen, dort links in die Heiselhuser Straße, geht in die Leuchtturmstraße über | Öffnungszeiten jederzeit, aber nur aus gebührender Entfernung zu besichtigen (Nationalpark Wattenmeer) | Tipp Auf dem Deich lohnt sich ein Spaziergang zum Trockenstrand von Upleward, der in Sichtweite liegt.

5 Der Stahlfachwerkturm

Der kleine Bruder des Eiffelturms

Der weithin sichtbare Leuchtturm von Campen ist mit 65,30 Metern der höchste Leuchtturm Deutschlands. Doch das allein macht nicht seine Attraktivität aus. Obwohl auch seine Architektur augenfällig ist, wird ihr dennoch oft keine Beachtung geschenkt. Diese Bauart ist nämlich weltweit einzigartig bei einem Leuchtturm. Es handelt sich um einen Stahlfachwerkturm, eine Konstruktion aus vernieteten und geschraubten Stahlelementen, wobei der Campener Leuchtturm über einen dreieckigen Querschnitt verfügt. Diese Art des Turmbaus kam Ende des 19. Jahrhunderts auf und galt als ausgesprochen modern. Auch das geringere Gewicht gegenüber anderen Kontraktionen war ein Vorteil. Der Campener Leuchtturm wiegt »nur« 300 Tonnen.

Der berühmteste Stahlfachwerkturm der Welt ist der Eiffelturm, der 1889 fertiggestellt wurde, also im Baujahr des Campener Leuchtturms. Beide Türme sind also gleich alt. Während beim Eiffelturm Treppen in den vier »Beinen« nach oben führen, besitzt der Leuchtturm ein Treppenrohr, durch das man hinauf zum Laternenhaus gelangt. Direkt unter dem Dach, in 62 Metern Höhe, liegt der Laternenraum mit dem Leuchtfeuer. Darunter befindet sich ein kleiner Wohnraum, in dem früher der Leuchtturmwärter sein Quartier hatte. Das Leuchtfeuer wurde von Anfang an elektrisch betrieben. Den erforderlichen Strom erzeugte eine Dampfmaschine, die 1906 von einem MAN-Dieselmotor abgelöst wurde. Da dieser bis heute arbeitet, gilt er als ältester intakter Dieselmotor Deutschlands.

Der Campener Leuchtturm wurde als Teil eines Ensembles errichtet, zu dem der Pilsumer Leuchtturm, der Borkumer Leuchtturm sowie auf holländischer Seite die Leuchttürme Watum und Delfzijl gehörten. Sie wurden gemeinsam am 1. Oktober 1891 in Betrieb genommen, um das Befahren der Unterems sicherer zu machen. 2020/21 wurde die Stahlkonstruktion für 600.000 Euro repariert und mit einem neuen Anstrich versehen.

Adresse Leuchtturmstraße 5, 26736 Krummhörn | Anfahrt von Emden auf der Krummhörner Straße in Richtung Rysum fahren und weiter nach Campen, dort links in die Heiselhuser Straße, geht in die Leuchtturmstraße über | Öffnungszeiten täglich 11–17 Uhr | Tipp Im Seezeichen-Garten entdeckt man Pegel, Toppzeichen und Baken.

6__Die Tonne

Mitte-Fahrwasser-Zeichen

Wer den Leuchtturm von Campen besucht, sollte die große, liegende Tonne nicht übersehen. Als sie noch den Wellen der Westerems ausgesetzt war, markierte sie die Mitte des Fahrwassers. Sie ist also ein Mitte-Fahrwasser-Zeichen, was auch an ihrer Farbgebung, den vertikal verlaufenden rot-weißen Streifen, zu erkennen ist. Tonnen dieser Art tragen in der Regel einen Ball als Toppzeichen oder ein Leuchtfeuer. Das Toppzeichen ist bei der Tonne in Campen nicht mehr vorhanden, lediglich die Befestigungsplattform mit vier Bohrlöchern ist zu sehen.

Solche Tonnen können auch als Ansteuerungstonnen dienen, die die seeseitige Grenze eines Fahrwassers markieren. Das Fahrwasser wird durch grüne Tonnen an Steuerbord und rote Tonnen an Backbord markiert – wenn man von der See kommt, also in einen Hafen oder eine Flussmündung einläuft. Die in Campen liegende Tonne gehört zum Lateralsystem, das für die Kennzeichnung der Fahrwasser in der internationalen Schifffahrt zuständig ist. Das Kardinalsystem wiederum dient der Kennzeichnung von Gefahren, von Untiefen, Wracks oder Hindernissen. Diese Tonnen sind schwarzgelb oder schwarz-rot.

Die Tonnen verdanken ihren Namen Holzfässern, die bereits im 14. Jahrhundert als schwimmende Seezeichen eingesetzt wurden. Mit Hilfe von Teer wurden sie wasserfest gemacht und in Flussmündungen und Hafeneinfahrten ausgelegt. Dank des Teers war die erste Farbgebung schwarz.

Eher selten haben Landratten die Möglichkeit, eine Tonne aus der Nähe zu betrachten. In Ostfriesland bieten die Inseln hier und da die Gelegenheit, etwa bei einem Besuch des Tonnenhofs auf Norderney. Auch auf Juist wird der Besucher im Hafen von Backbord- und Steuerbordtonnen begrüßt, die sich ebenfalls an Land befinden. Für Segel- oder Motorbootführerschein-Anwärter bietet die Tonne kostenlosen Anschauungsunterricht.

Adresse Leuchtturmstraße 5, 26736 Krummhörn | Anfahrt von Emden auf der Krummhörner Straße in Richtung Rysum fahren und weiter nach Campen, dort links in die Heiselhuser Straße, geht in die Leuchtturmstraße über | Öffnungszeiten täglich 11–17 Uhr | Tipp Auf der Seeseite des Deiches liegt der Nationalpark Niedersächsisches Wattenmeer.

7 Die alte Schule

Früher Lehranstalt, heute Leichenhalle

Canum ist eines der kleinsten Dörfer der Krummhörn und tritt erstmals im Jahr 950 unter dem Namen »Caninghem« in Erscheinung. Der englisch anmutende Name bedeutet »Heim der Familie des Kane«, wobei nicht geklärt ist, wer jener Kane war. Besiedelt war das Gebiet allerdings schon vor rund 2.000 Jahren.

Das Dorf wurde vor dem Deichbau auf einer Warft errichtet, wie fast alle Dörfer der Krummhörn. Auf dem höchsten Punkt, 5,30 Meter über dem Meeresspiegel, wurde im 13. Jahrhundert die Kirche gebaut. Der Glockenturm folgte später. Eine Schule taucht in historischen Dokumenten erst 1581 auf. 1849 wurde es dann Zeit für einen Neubau, der unmittelbar neben dem Haupteingang der Kirche angelegt wurde. Die Schule bestand aus nur einem Raum, was damals nicht ungewöhnlich war. Die Schüler gehörten acht Jahrgängen an, die gleichzeitig unterrichtet wurden. Bis 1920 blieb diese Methode bestehen, bevor die Schüler dann nach Pewsum in ein größeres Schulgebäude gebracht wurden.

Befestigte Straßen waren in dieser Zeit noch immer die Ausnahme. Die wichtigsten Verkehrswege waren die Tiefs, die Canum mit Emden, anderen Orten in Krummhörn und den Fehndörfern verbanden. Die Dorfschiffer waren für Transporte aller Art verantwortlich, bevor sich nach und nach das Auto durchsetzte. Noch wichtiger war jedoch die 1899 eröffnete Kleinbahn, die von Emden über Canum nach Pewsum fuhr. Ab 1906 konnte man auch bis nach Greetsiel gelangen. Gezogen wurden die Waggons von Dampflokomotiven.

Doch was sollte man nun mit der alten Schule machen? Die Lage in unmittelbarer Nähe der Kirche begünstigte die Entscheidung, sie von nun an als Leichenhalle zu nutzen. Das Gebäude wurde entsprechend umgebaut, die Fenster wurden verändert, und ein breiter Eingang wurde geschaffen. Dieser Funktionswandel machte es möglich, im selben Gebäude als Kind zur Schule gegangen zu sein und Jahrzehnte später dort aufgebahrt zu werden.

Adresse Canumer Kirchstraße, 26736 Krummhörn | Anfahrt von Emden auf der Emder Landstraße in Richtung Pewsum fahren, vor Erreichen des Ortsschilds links in die Osterstraße und dann rechts in die Straße Zur Post | Öffnungszeiten nur von außen zu besichtigen | Tipp Gleich nebenan steht die Canumer Kirche aus dem 13. Jahrhundert.

8 Der Loogschiff-Anleger

Energie für Canum und die Krummhörn

Canum liegt noch heute in einem ausgedehnten Kanalnetz, das man bei einem Spaziergang durch die Landschaft erkunden kann. Man entdeckt immer wieder kleine Brücken und Anlegestellen für sogenannte Loogschiffe. Loog oder auch Laug bedeutet auf Ostfriesisch »Dorf«, es handelte sich also um Dorfschiffe in Form von Spitzmutten, die sowohl am Bug als auch am Heck spitz zuliefen. Sie konnten viel Fracht aufnehmen, sogar eine Tagesladung gestochenen Torfs.

Neben dem Transport von Brennmaterial hatten die Dorfschiffer aber noch andere Aufgaben. Zweimal in der Woche war in Emden Markttag. Dann fuhren die Schiffer mit ihren Handelsgütern in die Stadt. Obgleich es weitverzweigte Wasserwege gab, war der Weg oft beschwerlich und nahm einige Stunden in Anspruch. Die Dorfschiffer fuhren nie allein, sondern hatten immer Gehilfen, ihre Söhne oder Töchter bei sich. Diese mussten als sogenannte Treidelknechte das Schiff vom Ufer aus ziehen, wenn es keinen oder zu wenig Wind zum Segeln gab. Dafür wurden die Kinder der Schiffer sogar von der Schule befreit. Kam es durch heftige Regenfälle zu Hochwasser, wurden auch die Brücken zu einem echten Hindernis. Konnte ein Schiffer nicht mehr unter der Brücke hindurchfahren, musste er erfinderisch sein und auf Hilfe aus den umliegenden Dörfern hoffen. Wenn er Glück hatte, gab es eine Dorfschule in der Nähe, und die ganze Schulklasse samt Lehrer stellte sich auf das Schiff, um mit dem Zusatzgewicht die Mutte nach unten zu drücken. Dann gelang es, unter der Brücke hindurchzugleiten, und man erreichte endlich die begehrte Hafenstadt. Hier gab es nun allerhand zu tun. Waren wurden abgeliefert, Bestellungen abgeholt und Besorgungen erledigt. Danach machte man sich wieder auf den Rückweg.

Mit dem Kanu oder kleineren Booten kann man immer noch die alten Anlegestellen anfahren und auf den Spuren der Loogschiffer wandeln.

Adresse Breiter Weg, 26736 Krummhörn | Anfahrt von Emden auf der Emder Landstraße in Richtung Pewsum fahren und vor Erreichen des Ortsschilds links in die Osterstraße, geht in Breiter Weg über | Öffnungszeiten jederzeit | Tipp An der Landstraße 8 befindet sich ein gut erhaltener und gepflegter Gulfhof, der auch Ferienwohnungen anbietet.

9 Das kleine Gulfhaus

Klein, aber fein

Klein, gepflegt und mit einem wunderschönen Garten – so präsentiert sich das kleine Gulfhaus in Cirkwehrum. Dieses Haus hat sich über die Jahre vom ehemaligen Arbeiterhaus zum Gulfhaus entwickelt. Aber auch Cirkwehrum selbst hat eine lange Historie aufzuweisen. Der kleine Ort liegt an der Kreisstraße 229 zwischen Uttum und Hinte. Genau genommen ist Cirkwehrum ein Ortsteil der Gemeinde Hinte.

Der Name »Cirqwerum« wird 1346 erstmals urkundlich erwähnt. Man vermutet, dass er übersetzt so viel wie »Heim auf der Cirkhöhe« bedeutet. Cirk war wohl der Name eines Sippenältesten. Im 14. Jahrhundert gab es in der Siedlung auch eine Burg, diese wurde jedoch bis auf die Grundmauern niedergebrannt. Sie wurde zwar wieder aufgebaut, nur um 1436 (wahrscheinlich von Hamburgern) erneut zerstört zu werden. Ohne diesen Konflikt mit den Hamburger Kaufleuten wäre die Krummhörn heute reich an Burgen.

Am Warftrand von Cirkwehrum verläuft die Ringstraße des Ortes. Sie trennt das große Gulfhaus, das zum Dorfmittelpunkt hin ausgerichtet ist, von dem am Straßenrand gelegenen ehemaligen Arbeiterhaus. Mitte des 19. Jahrhunderts wurde es vergrößert und zu einem kleinen Gulfhaus umgebaut. Das Haus ist etwas ganz Besonderes, da es in der Krummhörn eine Seltenheit war, dass Landarbeiter, die auf großen Gulfhöfen arbeiteten, auch noch einen eigenen, selbstständigen Betrieb hatten. Durch die Bewirtschaftung der angrenzenden Äcker und Wegränder sowie des großen Gartens konnten die Arbeiter ihre Einkünfte entsprechend aufbessern.

Das kleine Gulfhaus verfügt über einen Stall, eine Kammer, eine Küche und einen Hochkeller. So konnte auch eine größere Familie darin untergebracht werden. Noch heute wird das kleine Schmuckstück bewohnt und ist dank seines gepflegten Zustandes ein wahrer Hingucker in der überschaubaren Ortschaft, die nur 14 Autominuten von Norden entfernt liegt.

Adresse Cirkwehrumer Weg 12, 26759 Hinte | Anfahrt von Emden auf der Cirkwehrumer Straße bis nach Cirkwehrum fahren, dort rechts auf den Cirkwehrumer Ring einbiegen | Öffnungszeiten nur von außen zu besichtigen | Tipp In der Nähe steht eine kleine Kirche, deren Vorgängerbau 1751 abgebrochen werden musste.

10 Das alte Steinhaus

Gebrannte Macht

Bis ins Spätmittelalter hinein, das im 13. Jahrhundert beginnt, wurden Häuser in Ostfriesland aus Holz, Stroh, Binsen und Reet gebaut. Um das Jahr 1200 brachten dann Mönche das Wissen über die Ziegelherstellung nach Ostfriesland und machten vor, wie man aus Ton Ziegel formt und in Ringöfen bei über 1.000 Grad Celsius brennt. Die fertigen Ziegel wurden »Klostersteine« genannt und hatten ein anderes Format als spätere Ziegel oder Klinker. Ein Klosterstein war 25 bis 30 Zentimeter lang, 11 bis 14 Zentimeter breit und 6 bis 8 Zentimeter dick.

Zunächst wurden Klöster und Kirchen aus diesem neuartigen Baustoff errichtet, während profane Häuser noch bis Ende des 14. Jahrhunderts aus Holz gebaut wurden. Dann jedoch wuchs die Macht der Häuptlinge, die danach trachteten, diese Macht auch zum Ausdruck zu bringen. Also wählten auch sie den Klosterstein als Baumaterial, denn der symbolisierte ja bereits die Macht der Kirche. Die ersten Turm- und Steinhäuser wurden auf den Warften errichtet, denen später kleine Burgen aus Stein folgten. Doch schon Turm- und Steinhäuser boten in Kriegszeiten einen besseren Schutz als Häuser aus Holz oder Lehm. Die neuen Gebäude waren die neuen Machtzentren, von denen aus die Häuptlinge ihre Ländereien verwalteten. Diese Strukturen wären ohne die Klostersteine gar nicht möglich gewesen.

Nicht alle frühen Steinhäuser und Burgen sind jedoch erhalten geblieben. Viele wurden im Zuge von Kriegshandlungen zerstört, andere wiederum später umgebaut. Letzteres triff auch auf das Eilsumer Steinhaus aus dem 16. Jahrhundert zu, das sogar mehrfach verändert wurde. Dennoch sind an der Nordostwand die typischen Klostersteine zu erkennen. Es zählt also zu den ältesten erhaltenen Gebäuden von Eilsum und erlaubt einen Blick in die Geschichte. Umbauten aller Art und Veränderungen von Türen und Fenstern kann sogar der Laie entdecken.

Adresse Wilhelm-Beckmann-Straße 2, 26736 Krummhörn | Anfahrt von Emden nach Pewsum fahren, auf der Eilsumer Straße nach Eilsum, am Ortseingang links in die Greetsieler Straße abbiegen und gleich wieder rechts in den Eilsumer Ring, trifft auf die Wilhelm-Beckmann-Straße | Öffnungszeiten nur von außen zu besichtigen | Tipp In der Nähe steht die im romanischen Stil errichtete Kirche aus dem 13. Jahrhundert. Sehenswert ist vor allem das Taufbecken.

11 Das Oll Sprützenhuus

Wasser marsch in der Marsch!

Wer sich heute das neue Hilfeleistungslöschgruppenfahrzeug-20 (HLF-20) im Feuerwehrhaus Pewsum ansieht, der wird keine großen Augen machen, denn das Einsatzfahrzeug ist nun einmal ein ganz normales und durchschnittliches. Das gilt auch für das Feuerwehrhaus selbst, dessen Dimensionen ebenfalls nicht außergewöhnlich sind. So und nicht anders sieht so ein Gebäude aus. Und die Vorgänger? Was ist aus ihnen geworden? Sie sind verschwunden. Nur Eingeweihte wissen, wo sich hier und da noch ein altes Feuerwehrhaus befindet. Etwa in Greetsiel im Kalvarienweg. Statt der Einsatzfahrzeuge warten dort heute Schuhe auf ihren Einsatz als käufliche Ware. Dass von hier über viele Jahre hinweg Feuerwehrfahrzeuge ausgerückt sind, um Brände zu bekämpfen oder Unfallopfern zu helfen, ist weitgehend vergessen.

In Eilsum, Ecke Greetsieler Straße und Eilsumer Ring, hat ein Feuerwehrhaus die Zeit überdauert. Das Oll Sprützenhuus ist nicht größer als eine Garage, denn die Fahrzeuge, die es einst beherbergte, waren im Vergleich zu heutigen Einsatzfahrzeugen wahre Zwerge. Manch moderner SUV hätte größte Probleme, das Gebäude als Garage zu nutzen. Und dennoch war dort vor Jahrzehnten Platz genug für ein kleines Einsatzfahrzeug samt Ausrüstung. Großbrände konnte man damit natürlich nicht löschen. War ein Gulfhof betroffen, so wurde zumindest versucht, das durch eine Brandmauer geschützte Wohnhaus zu retten. Die Gulfscheune war fast immer verloren, vor allem wenn in den Gulfen Heu oder Stroh lagerte. Selbst heutige Feuerwehren hätten mit einem Brand dieser Art Probleme. Um an genügend Löschwasser zu gelangen, gab es in vielen Dörfern der Krummhörn Löschteiche. Außerdem waren die Gulfhöfe oft von breiten und wasserreichen Graften umgeben, die genügend Löschwasser enthielten. Hydranten gab es erst nach Einführung der allgemeinen Wasserversorgung. Auch davon berichtet das Oll Sprützenhuus.

Adresse Greetsieler Straße / Eilsumer Ringstraße, 26736 Krummhörn | Anfahrt von Emden nach Pewsum fahren, auf der Eilsumer Straße nach Eilsum, am Ortseingang links in die Greetsieler Straße abbiegen und dieser bis zum Ortsausgang folgen | Öffnungszeiten nur von außen zu besichtigen | Tipp Im Fuhrmannsweg 4 befindet sich ein weiteres überbautes Steinhaus, das um 1600 errichtet wurde.

12 Die Dorflinde

Treffpunkt über Jahrhunderte

Als der Dichter, Musiker und Forscher Anton Wilhelm Florentin von Zuccalmaglio (1803–1869) 1840 das Lied »Kein schöner Land in dieser Zeit« verfasste, wählte er nicht ohne Grund die Linde als abendlichen Treffpunkt. Denn genau das war eine der gesellschaftlichen Funktionen der Linde, vor allem in Dörfern. Ihre Bedeutung geht auf die Germanen zurück, die den Baum als heilig verehrten. Seither war die Linde nicht nur Treffpunkt, sondern als Tanzlinde Mittelpunkt von Dorffesten und als Gerichtslinde dörflicher Gerichtsort. Nach dem Ende von Kriegen wurde vielerorts eine Friedenslinde gepflanzt. Ihre Hauptaufgabe blieb aber immer die des Treffpunkts, oft auch unterstrichen durch eine eigens aufgestellte Bank.

In der Moderne haben Linden diese Funktion verloren, denn andere Treffpunkte, Kneipen, Dorfgemeinschaftshäuser und später das Smartphone haben ganz neue Möglichkeiten eröffnet. Aus vielen Orten sind daher die Linden verschwunden und mussten Straßen oder Häusern weichen. Allenfalls Straßennamen erinnern noch an die Linde. Das war nur einer der Gründe, sie 1996 und 2021 zum »Baum des Jahres« zu küren.

Freepsum zählt zu jenen Dörfern, in denen noch eine Dorflinde steht, mehr noch, die entsprechende Straße heißt auch »An der Dorflinde«. Somit wird in Freepsum an ebendiese Tradition erinnert. Das Dorf entstand vor dem Deichbau am Ufer des später trockengelegten Freepsumer Meeres, also vor mehr als 1.000 Jahren. Zunächst wurde es Fresbrahtteshem genannt und besaß bis 1436 sogar eine Häuptlingsburg, die jedoch der Fehde zwischen Hamburg und ostfriesischen Häuptlingen zum Opfer fiel. Wie andere Orte der Krummhörn wurde auch Freepsum lange Zeit über das weitverzweigte System der Tiefs versorgt und besaß auch eine Station der Kleinbahn, die 1963 stillgelegt wurde. Neun Jahre später wurde Freepsum Ortsteil der Gemeinde Krummhörn.

Adresse An der Dorflinde, 26736 Krummhörn | Anfahrt von Emden auf der Landstraße nach Groß Midlum fahren, auf der Freepsumer Landstraße die erste Straße links nehmen, Am Grünen Weg, geht in An der Dorflinde über | Öffnungszeiten jederzeit | Tipp In einem Gulfhof, Am Spielplatz 15, betreibt der Verein »Landkultur Freepsum« eine Kulturscheune mit einem vielfältigen Programm.

13 Das Hagioskop

Der Blick durch die Wand

Wer den kleinen Ort Freepsum besucht, sollte unbedingt der Kirche einen Besuch abstatten. Ihre Entstehung wird in die Mitte des 13. Jahrhunderts datiert. Das Besondere hier ist unter anderem, dass die ursprüngliche Form der Fenster an der Nordseite des Gebäudes noch erkennbar ist. Unter all den Fenstern sticht eines explizit hervor: das Hagioskop.

Dieser Begriff setzt sich aus den beiden griechischen Wörtern *hágios*, was »heilig« bedeutet, und *skopeīn* für »sehen« zusammen. Das Hagioskop ermöglichte es den Menschen, von außen in das Gebäude hineinzusehen. Das erklärt auch die niedrige Höhe des kleinen Fensters, das komplett aus der Reihe zu tanzen scheint. Es ist genau auf Augenhöhe eines Erwachsenen angebracht. Doch warum baute man so ein kleines Fenster?

Aufschluss darüber gibt ein anderer Name, mit dem diese Art von Fenster bezeichnet wurde: Lepraspalte. Im Mittelalter wurden manche Kirchen mit einem Mauerdurchbruch versehen, damit kranke Menschen das Geschehen am Altar beobachten konnten. Für die vielen Leprakranken in den kleinen Gemeinden und dünn besiedelten Gemeinschaften gab es keine extra Kirchen, wie es in großen Städten üblich war. Um den Aussätzigen dennoch die Teilhabe an der heiligen Messe zu ermöglichen, war das Hagioskop eine hervorragende Alternative. Und auch Eremiten, die sich freiwillig aus der Gemeinde zurückgezogen hatten, nutzten oft die Hagioskope, um den kirchlichen Segen zu empfangen. Nach dem Ende der großen Lepra-Epidemien im 16. Jahrhundert wurden die meisten Hagioskope zugemauert. Erst im 19. und 20. Jahrhundert wurden einige Mauerdurchbrüche durch Restaurierungsarbeiten wiederentdeckt und freigelegt. Das Hagioskop in Freepsum ist eines der wenigen noch erhaltenen in der Krummhörn. Dieser »Blick in die Geschichte« lohnt sich also, denn durch ihn kann man die gesellschaftliche Rolle der Ausgestoßenen nachvollziehen.

Adresse An der Dorflinde 8, 26736 Krummhörn | **Anfahrt** von Emden auf der Landstraße nach Groß Midlum fahren, auf der Freepsumer Landstraße die erste Straße links nehmen, Am Grünen Weg, geht in An der Dorflinde über | **Öffnungszeiten** jederzeit, Kontakt und Infos unter Tel. 4923/1286 | **Tipp** Selten hat man die Gelegenheit, den Ausgangspunkt eines Tiefs zu sehen. In Freepsum ist dies im Südwesten des Ortes in der Dorfringstraße möglich.

14 Die Kirchenuhr

Wem die Stunde schlägt

Die schlichte Einraumkirche in Freepsum stammt aus dem 13. Jahrhundert und ist in einem sehr gepflegten Zustand. Sie wurde im Stil der Romanik gebaut, und die ursprünglichen Fenster im Norden der Kirche sind noch immer erhalten. Das kleine Gebäude mit dem separat stehenden Glockenturm birgt jedoch noch einige andere Kostbarkeiten, die in und um die Kirche herum entdeckt werden können. So befindet sich im Innenraum eine heute noch bespielbare Orgel, die 1839 von Wilhelm Caspar Höffingen gebaut wurde. Sie wurde 2020 grundlegend erneuert.

Auch an der Südwand der Kirche kann man ein wahres Schmuckstück bewundern: eine Sonnenuhr aus dem späten 16. Jahrhundert. Sie wurde 1995 aufwendig restauriert. Das Ziffernblatt der bunten Uhr ziert eine strahlende Sonne, genau in ihrer Mitte die goldenen Zeiger. Über dem Ziffernblatt ist ein lateinischer Vers zu lesen: »*Respice qui transis discasqz volubile tempus*«, übersetzt bedeutet er: »Schaue zurück, der du vorübergehst, und mögest du die sich drehende Zeit kennenlernen«. Unterhalb des Ziffernblattes steht: »*Hei mihi quod praesans temere defluxerit aetas*«, zu Deutsch: »Wehe mir, wenn die gegenwärtige Zeit planlos dahinfließt«. Damit ist die kleine Uhr mit dem Engelskopf und den verzierten Säulen eine Ermahnung an alle Besucher, die Zeit nicht sinnlos verstreichen zu lassen. In unserer hektischen Zeit ist der Spruch nach wie vor aktuell und von größter Bedeutung.

Wer seinen Aufenthalt in Freepsum bewusst planen möchte, sollte die schöne Ortschaft und ihre Kirche am besten im September aufsuchen. Denn der 2007 gegründete Verein »Landkultur Freepsum« veranstaltet hier jedes Jahr ein internationales Gitarrenfestival. Künstler und Künstlerinnen aus den USA, Italien, den Niederlanden und ganz Deutschland kommen hier zusammen. Die Konzerte und Workshops finden dabei unter anderem auch in der kleinen Kirche statt.

Adresse An der Dorflinde 8, 26736 Krummhörn | Anfahrt von Emden auf der Landstraße nach Groß Midlum fahren, auf der Freepsumer Landstraße die erste Straße links nehmen, Am Grünen Weg, geht in An der Dorflinde über | Öffnungszeiten jederzeit | Tipp Die Dorfringstraße, typisch für ein Warftendorf, ist komplett erhalten. Ein Weg, der sich lohnt.

15 Der Naturlehrpfad

Der Natur auf der Spur

Von Freepsum nach Groß Midlum kann man bequem mit dem Bus, dem Auto oder dem Fahrrad fahren. Oder man geht einfach mal zu Fuß und entscheidet sich für den Naturlehrpfad, der auch durch das trockengelegte Freepsumer Meer führt.

Der Pfad ist ausgeschildert und bietet eine gute Gelegenheit, die Natur der Marsch etwas besser kennenzulernen. Auf besonderen Schautafeln erfährt man viel über die Vögel, die auf den Weiden brüten, etwa über die Feldlerche, deren Gesang im Frühling und Sommer nicht zu überhören ist. Beobachten kann man auch den Kiebitz, der zur Familie der Regenpfeifer gehört und seit 2015 leider auf der Roten Liste zu finden ist. Die intensive Landwirtschaft, die dadurch veränderten Lebensräume sowie der Klimawandel machen der Art zu schaffen. Im Freepsumer Meer kann man noch seine gewagten Flugmanöver betrachten und seine Rufe hören. Auch Rotschenkel, Teichrallen, Schilfrohrsänger und andere Vögel lassen sich hier bestens studieren. Sie alle, das vermittelt der Naturlehrpfad, sind Teile eines ebenso komplexen wie empfindlichen ökologischen Systems, das es zu schützen gilt. Der Rückgang der Artenvielfalt, das Insektensterben und der Klimawandel bleiben auch für die Krummhörn nicht ohne Folgen.

Ebenso interessant ist der Boden, auf dem man entlangwandert. Es handelt sich nämlich um Knickmarsch, früher Brackmarsch genannt. Die Sedimente, aus denen diese Art des Marschbodens besteht, stammen aus Brachwasserzonen, in denen sich Süß- und Salzwasser gemischt haben. Typisch für diese Zonen sind Flussmündungen, bestimmte Buchten und auch in Küstennähe befindliche Binnenmeere – wie eben das 1771 trockengelegte Freepsumer Meer. Die Knickmarsch verfügt über einen hohen Tonanteil und einen hohen Säuregrad. Daher ist sie weniger für den Anbau von Getreide geeignet, sondern dient vor allem als Weideland. Auch davon berichtet der Naturlehrpfad.

Adresse Meerweg, Wiesenweg, 26736 Krummhörn | **Anfahrt** von Emden auf der Landstraße nach Groß Midlum fahren, auf der Freepsumer Landstraße die erste Straße links nehmen, Am Grünen Weg, anschließend links in die Dorfringstraße und wieder links in den Wiesenweg | **Öffnungszeiten** jederzeit | **Tipp** Der Wiesenweg führt ein Stück am Freepsumer Tief entlang.

16 Der tiefste Punkt

Erst Nummer eins, dann Nummer zwei

Lange Zeit galt eine Stelle des Freepsumer Meeres als tiefster Punkt Deutschlands, denn sie liegt 2,50 Meter unter dem Meeresspiegel. So wurde es jedenfalls 1988 festgestellt. Ein Mast mit Hinweisschildern dient auch heute noch als Markierung. Dann machten sich allerdings andere Tiefenmesser auf den Weg und fanden einen noch tieferen Tiefpunkt, und zwar in der Wilstermarsch in Neuendorf-Sachsenbande in Schleswig-Holstein. Dieser Punkt liegt genau 3,54 Meter unter dem Wasserspiegel, ist also über einen Meter tiefer gelegen als das Freepsumer Meer. Somit musste Freepsum im legendären Guinnessbuch der Rekorde den Platz räumen und ist nun die Nummer zwei. Am Niedersachsen-Ranking hat sich jedoch nichts geändert, denn dort ist das Freepsumer Meer noch immer der tiefste Punkt.

Doch wie ist dieser tiefste Punkt überhaupt entstanden? Die Ursache ist das Freepsumer Meer, das größte von drei Binnenmeeren, von denen Freepsum einst umgeben war. Das Uhlsmeer und das Sandmeer waren die anderen beiden Meere, die jedoch wesentlich kleiner waren. Im Binnenland würde man von Seen sprechen, doch ist in Ostfriesland die Bezeichnung »See« bereits für die Nordsee vergeben. Wie andere Gebiete der Krummhörn und Ostfrieslands lagen und liegen sie unterhalb des Meeresspiegels und wurden daher regelmäßig von der Nordsee überflutet. Nur die Warften blieben verschont. Erst der Deichbau vor rund 1.000 Jahren hat diesen Vorgang beendet. Geblieben sind die drei Binnenmeere, deren Wasser zu Süßwasser wurde. Zwar waren die Gewässer sehr fischreich, doch das Interesse an Weideland und Ackerland war größer. Mehrmals wurde mit holländischer Hilfe und Wasserschöpfmühlen versucht, die Meere trockenzulegen, was jedoch erst 1771 endgültig gelang. Da die Deiche eine erneute Überflutung verhinderten und die Tiefs das Regenwasser durch die Siele in die Nordsee beförderten, waren die Binnenmeere Geschichte. Bis auf den tiefsten Punkt. Pardon, den zweittiefsten.

Adresse Meerweg, Wiesenweg, 26736 Krummhörn | Anfahrt von Emden auf der Landstraße nach Groß Midlum fahren, auf der Freepsumer Landstraße die erste Straße links nehmen, Am Grünen Weg, anschließend links in die Dorfringstraße und wieder links in den Wiesenweg | Öffnungszeiten jederzeit | Tipp Etwa zwei Kilometer entfernt, am Rheidermeer, mündet das Freepsumer Tief in das Knockster Tief.

17 Das alte Schöpfwerk

Zu viel Wasser in der Marsch

Große Teile der Krummhörn liegen unter dem Meeresspiegel. Nach starken Regenfällen sammelt sich in der Marsch viel Wasser an, das nicht abfließen kann. Greetsiel verdankt seinen Namen dem neuen Land, das dem Meer abgetrotzt wurde (»gred«), und dem Siel, das der Entwässerung diente. Ende des 14. Jahrhunderts wurde das erste von drei Sielen gebaut. Über künstlich angelegte Wasserläufe, die Tiefs, wurde das Regenwasser aus der Marsch gesammelt und durch das Siel bei Ebbe in die Nordsee geleitet. Gleichzeitig wurde das Fahrwasser des Hafens vom Schlick befreit. Rund 150 Jahre war das dritte Siel in Betrieb. Allerdings nur bis 1950, dann reichte das Siel nicht mehr aus, um die zunehmende Verschlickung zu bekämpfen. Es wurde stillgelegt und erst nach einer umfassenden Restaurierung 1990 wieder geöffnet.

In den Jahren 1888/89 wurde im Osten des Ortes ein neues Siel errichtet. Nun sorgten gleich zwei Siele für eine Entlastung der Landwirtschaft, die immer wieder unter überschwemmten Feldern zu leiden hatte. Doch Siele haben den Nachteil, dass man sie nur bei Ebbe öffnen kann. Um den Marschboden noch trockener zu legen, musste eine andere Lösung geschaffen werden. Daher wurde 1957 neben dem neuen Siel ein Schöpfwerk gebaut und das Siel geschlossen. Moderne Pumpen übernehmen seitdem die Aufgabe, das niedriger liegende Binnenland vor Überflutungen zu bewahren und ein Einzugsgebiet von 11.000 Hektar zu entwässern. 1991 folgte ein weiteres Siel. Dieses nunmehr dritte Siel, das Leysiel, sorgt für den stets gleichen Wasserstand im Hafen, im Fahrwasser und im Speicherbecken. Dank einer 120 Meter langen Schleuse, die bis zu acht Kutter gleichzeitig aufnehmen kann, und drei Sielläufen mit automatischen Hubtoren kann die Fischerei auch weiterhin betrieben werden. Diese Baudenkmäler aus verschiedenen Zeiten erlauben es, die Geschichte der Entwässerung der Krummhörn an einem konkreten Ort nachzuverfolgen.

Adresse Schatthauser Weg 22, 26736 Krummhörn | Anfahrt von Emden nach Pewsum fahren, dort der Beschilderung nach Greetsiel folgen, am Ortsrand parken | Öffnungszeiten siehe Aushang, weitere Infos unter www.entwaesserungsverband-emden.de | Tipp In Sichtweite des Schöpfwerks befinden sich die berühmten Greetsieler Zwillingsmühlen.

18 Die Alte Vikarie

Otto was here!

Die Greetsieler Kirche mit ihrem frei stehenden Glockenturm wurde zwischen 1380 und 1410 gebaut und war ursprünglich eine katholische Kirche, wenn auch nur für kurze Zeit. Sie ist somit eines der ältesten Gebäude Greetsiels. Sie wurde zwar im Laufe ihrer Geschichte mehrfach verändert, hat jedoch im Großen und Ganzen ihr Erscheinungsbild beibehalten. Auffällig ist die Neigung der nördlichen Außenmauer, die allerdings nicht einsturzgefährdet ist, wie entsprechende Untersuchungen ergeben haben. Augenfällig sind auch die hohen Spitzbogenfenster an den beiden Längsseiten und der Ostseite sowie das kreisrunde Fenster an der Westseite. Dort war einst eine Tür, die nach der Reformation zugemauert wurde. Heute ist die Eingangstür an der Ostseite.

Direkt neben dem Glockenturm steht die Alte Vikarie, die über die Jahre auch verschiedene Umbauten hat hinnehmen müssen. Gebaut wurde das Haus mit Steinen verschiedener Formate, zum Teil mit Klostersteinen. Das ursprüngliche Gebäude stammt aus dem frühen 17. Jahrhundert, ist also nicht zeitgleich mit der Kirche entstanden. Es verfügt über einen kleinen, halb oberirdischen Keller, in dem auch gekocht wurde. Darüber befindet sich die aus Gulfhöfen bekannte Upkammer, also ein höher gelegener Wohnraum.

Einst als Vikarie gedacht, hatte das Haus verschiedene Funktionen inne und dient heute als Ladengeschäft. Jahrzehntelang war es das Wohnhaus des Reusenfischers Engelbert Feeken, der im ersten Otto-Film von 1985 als Ottos Vater zu sehen ist. Feeken und seine Frau zählten zu den letzten Originalen des Fischerdorfes und galten zudem als die letzten Wattfischer. Engelbert kannte das Watt wie seine Westentasche und war voller Geschichten darüber. Die Alte Vikarie ist ebenfalls ein Original, das zusammen mit der Kirche und dem Glockenturm ein unverwechselbares Ensemble bildet. Hinter dem Haus auf dem alten Friedhof kann außerdem die Glocke von 1924 besichtigt werden.

Adresse Am Leeger 18, 26736 Krummhörn | Anfahrt von Emden nach Pewsum fahren, dort der Beschilderung nach Greetsiel folgen, am Ortsrand parken | Öffnungszeiten siehe Aushang an der Tür | Tipp Auf der gegenüberliegenden Seite des Tiefs liegt der Katrepel, ein altes Fischerviertel.

19 Der Bücherturm

Aufgetürmter Lesestoff

Die schöne Backsteinkirche von Greetsiel steht mitten im Ort in unmittelbarer Nähe des Hafens. Sie wurde als sogenannte Eigenkirche im Stil der Gotik gebaut. Darunter versteht man einen Kirchenbau, der auf Privatgrund errichtet wurde. Daher handelt es sich bei dem Erbauer auch nicht um die Kirche, sondern um den ostfriesischen Häuptling Haro Edzardsna. Die Kirche wurde allerdings noch vor ihrer endgültigen Fertigstellung durch Papst Bonifatius IX. anerkannt. Sie wurde der heiligen Maria geweiht.

Wie bei den meisten Gotteshäusern Ostfrieslands befindet sich auch in Greetsiel der frei stehende Glockenturm in einiger Entfernung. Das Besondere an dem Sandsteinturm sind aber die Bücher, die er beherbergt. Von Montag bis Freitag können Lesebegeisterte dort gegen eine kleine Spende Bücher ausleihen oder tauschen. Daher trägt das urige Bücherregal unten im Turm die liebevolle Bezeichnung »Kleine Bücherei am Glockenturm«.

Alles begann mit einem Problem, das gelöst werden musste: Die eisernen Glocken des Turms hatten ihren ursprünglichen Klang verloren und sollten bei Gelegenheit gegen Bronzeglocken aus einer Gemeinde in Mannheim ausgetauscht werden. Um zu Geld zu kommen, hatte die Kirchengemeinde Greetsiel schließlich die kreative Idee, eine kleine Vertrauensbücherei einzurichten. Diese eigentlich nur für einen kurzen Zeitraum vorgesehene Aktion erfreute sich bei Einheimischen wie Urlaubern gleichermaßen größter Beliebtheit. 2012 hatte man genug Geld beisammen, sodass die Glocken der abgebrochenen Mannheimer Kreuzkirche hergebracht werden konnten. Doch die kleine Bücherei im Glockenturm gibt es weiterhin. Eine Bank vor dem Bücherregal, das nachts mit zwei Holztüren verschlossen wird, lädt zum Lesen vor Ort ein. Oft sieht man hier große und kleine Bücherwürmer mit einem Getränk oder einem Kaffeebecher sitzen, ganz vertieft in ihren neuen Lesestoff.

Adresse Am Leeger 18, 26736 Krummhörn | **Anfahrt** von Emden nach Pewsum fahren, dort der Beschilderung nach Greetsiel folgen, am Ortsrand parken | **Öffnungszeiten** siehe Aushang | **Tipp** Direkt gegenüber befindet sich das »Hohe Haus«, das alte Rentmeisterhaus aus dem Jahr 1696.

20 Der Charakterkopf

Die Burg im Blick

Leicht zu übersehen ist die Steinplastik an der Mauer östlich des ehemaligen Amtmannshauses. Wer sie entdeckt, steht vor dem schon leicht verwitterten Kopf eines Mannes, der in die Dorfmitte blickt. Dort stand mit hoher Wahrscheinlichkeit die Greetsieler Burg, auch Cirksenaburg oder Ulrichsburg genannt. Sie wurde zwischen 1362 und 1388 im Zuge der Ortsgründung errichtet und zwischen 1457 und 1460 in eine Vierflügelanlage mit einem hohen runden Wehrturm umgebaut. Dieser mächtige Turm soll fast 32 Meter hoch gewesen sein und einen Durchmesser von 10 Metern gehabt haben.

Bauherr war die Häuptlingsfamilie Cirksena, die von Greetsiel ausgehend bis ins frühe 18. Jahrhundert zu den wichtigsten Herrschern in Ostfriesland zählte. Zeitweise regierte sie sogar ganz Ostfriesland. Nach dem Aussterben der Cirksenas wurde die Burg ab 1744 noch als Zuchthaus genutzt, 1777 aber von den nun herrschenden Preußen verkauft und abgerissen. Auch der 25 Meter breite und bis zu 6 Meter tiefe Burggraben verschwand aus dem Ortsbild. Übrig ist nur das Schatthaus, das vor allem als Lagerhaus diente. »Schatthaus« lässt sich mit »Schatzhaus« übersetzen. Geblieben ist weiterhin die Steinplastik, von der nichts Verbürgtes bekannt ist. Sie soll von der Burg stammen und in der Mauer verbaut worden sein.

Doch das ist nicht die einzige Geschichte, die sich um den Charakterkopf rankt. Ältere Greetsieler können da noch eine Menge erzählen, wobei die Übergänge zum Seemannsgarn fließend sind. Es lohnt sich auf jeden Fall, zuzuhören, denn unterhaltsam sind diese Storys auf jeden Fall. Von einem aber kündet der Kopf mit Sicherheit, nämlich vom Verlust der Burg für den Ort, der damit einer Attraktion beraubt wurde. Diese Burg hätte das ohnehin an Baudenkmälern reiche Dorf noch einmal aufgewertet. Aber auch so gilt es als absolutes Highlight an der Küste.

Adresse Am Neuen Deich 16/Schatthauser Weg 14, 26736 Krummhörn | Anfahrt von Emden nach Pewsum fahren, dort der Beschilderung nach Greetsiel folgen, am Ortsrand parken | Öffnungszeiten jederzeit | Tipp Am Neuen Deich 16 steht das alte Amtmannshaus aus dem späten 18. Jahrhundert.

21 Die Fischplastik

Wo die Gräten rosten

Die Leybucht bei Greetsiel ist neben dem Dollart die zweitgrößte Bucht Ostfrieslands. Sie erstreckt sich zwischen der Westermarsch und Greetsiel. In der Leybucht befindet sich eine schöne Liegewiese direkt am Hafen. Die hier aufgestellten, elegant geschwungenen Holzbänke sind für bis zu zwei Personen ausgelegt und laden zum Ausruhen in der Sonne ein. Hier kann man direkt aufs Wasser schauen oder die Schiffe im Hafen bewundern. Außerdem steht hier eine große Metallskulptur.

Der »Piranha«, wie die riesige Fischgräte in wunderschön rötlicher Rost-Optik heißt, stammt von dem freischaffenden Künstler Joachim Röderer (geboren 1960). Seit den 1980er Jahren fertigt er Unikate und Auftragsarbeiten aus Stahl an. Allerdings handelt es sich bei Röderers Werken um Skulpturen aus Cortenstahl. Dieser wetterfeste Baustahl rostet lediglich an der Oberfläche. Hinter dem Rost bildet sich eine chemische Schutzschicht, die verhindert, dass sich der Stahl von innen zersetzt. Dadurch entsteht nur oberflächlich eine schöne Rostschicht. Röderer stellte die Fischgräte im Rahmen der »Greetsieler Woche« im Jahr 2000 aus. Die jährlich stattfindende Kunstausstellung gibt es bereits seit 1970, und sie hat immer einen bekannten Schirmherrn wie Rico Mecklenburg, Präsident der Ostfriesischen Landschaft, oder im Jahr 2010 den damaligen Bundespräsidenten Christian Wulff. Hier stellen im Sommer deutsche und niederländische Künstler und Künstlerinnen ihre Werke aus, leiten Workshops und organisieren Kunstveranstaltungen.

Der Arbeitskreis der Greetsieler Woche kaufte 2000 die ausgestellte Fischgräte von Joachim Röderer und platzierte sie an einem wunderbaren Aussichtspunkt. Bei einer Kugel Eis oder einem frischen Fischbrötchen kann man sich dem touristischen Trubel für einige Zeit entziehen und auf einer der Bänke das mit »Edelrost« überzogene Kunstwerk genießen.

Adresse Am Alten Deich 3, 26736 Krummhörn | **Anfahrt** von Emden nach Pewsum fahren, dort der Beschilderung nach Greetsiel folgen, am Ortsrand parken und zu Fuß zum Hafen | **Öffnungszeiten** jederzeit | **Tipp** Folgt man dem Weg in östlicher Richtung, erreicht man den Infoplatz Leybucht. Von dort hat man einen guten Blick auf das Leyhörner Sieltief und das Naturschutzgebiet Leyhörn.

22 Das Geburtshaus

Greetsiels bekanntester Sohn

In Ost- und Westfriesland ist sein Name nach wie vor geläufig: Ubbo Emmius. Der Gelehrte, Theologe und Historiker wurde am 5. Dezember 1547 in Greetsiel geboren. Seine Mutter, Elke Tjarda, war die Tochter des Norder Bürgermeisters, sein Vater, Emme Dyken, war Pastor in Greetsiel. Emmius besuchte die Lateinschulen in Emden, Bremen und Norden, um anschließend in Rostock zu studieren. Der Tod des Vaters zwang ihn jedoch, das Studium zu unterbrechen und nach Greetsiel zurückzukehren. Nachdem er hier alles Erforderliche geregelt hatte, wanderte er über Heidelberg und Freiburg nach Genf, um dort sein Studium fortzusetzen.

Als Emmius 1576 in seine Heimat zurückkehrte, war er ein angesehener Gelehrter, dem gleich mehrere Stellen angeboten wurden. Er entschied sich dafür, als Rektor die Norder Lateinschule zu übernehmen, das spätere Ulrichsgymnasium. 1588 wechselte er nach Leer und leitete dort ebenfalls die Lateinschule, die heute Ubbo-Emmius-Gymnasium heißt. Sein guter Ruf entging auch der Stadt Groningen nicht, die ihn 1596 abwarb, um Hilfe bei der Gründung einer Universität zu leisten. Die Rijksuniversiteit Groningen nahm am 23. August 1614 mit Ubbo Emmius auf dem Posten des Rektors den Lehrbetrieb auf. Seine Werke, darunter eine sechsbändige friesische Geschichte, machten ihn zu einem Wegbereiter der Aufklärung. Er starb am 9. Dezember 1625 in Groningen.

Wer durch Greetsiel spaziert, stellt bald fest, dass gleich zwei Gebäude als Geburtshäuser von Ubbo Emmius ausgewiesen werden. Im Zuge der 600-Jahr-Feier von Greetsiel wurde 1989 eine Gedenktafel am Haus Nummer 8 am Markt angebracht. Doch auch am Haus schräg gegenüber der Kirche, in der Hohen Straße, das heute zum Hohen Haus gehört, befindet sich eine Gedenkplakette. Zu Recht, denn hier stand das Haus der Greetsieler Pastoren. Dort wurde Ubbo Emmius tatsächlich geboren, wie man heute weiß.

Adresse Hohe Straße 2a, 26736 Krummhörn | Anfahrt von Emden nach Pewsum fahren, dort der Beschilderung nach Greetsiel folgen, am Ortsrand parken | Öffnungszeiten nur von außen zu besichtigen | Tipp In der Nähe befindet sich das »Nationalpark-Haus Greetsiel« (Zur Hauener Hooge 11, www.nationalparkhaus-wattenmeer.de).

23__Der Gulfhof

Allein auf weiter Flur

Nordwestlich von Greetsiel befindet sich der Gulfhof Akkens. Bei Fahrradfahrern wie Wanderern ist der große, gepflegte Hof ein beliebtes Ziel. Ringsum findet man nur Felder und die Ruhe des Naturschutzgebietes.

Das Gebiet an der Osterems, einem Ausfluss der Ems aus dem Dollart in die Nordsee, hat eine lange Geschichte vorzuweisen. Um das Jahr 1955 fand man beim Pflügen in der Mitte der Warft einige Urnengefäße und Aschereste aus vorchristlicher Zeit. Im ostfriesischen Geschlechterbuch taucht in der Stammfolge 1598 der erste Bauer namens »Weidt tho Akkens« auf. Das Anwesen war über sieben Generationen hinweg in Familienbesitz. Das endete mit Freerk Hinderks Janßen (1761–1833), der als Schiffer und Kaufmann in Greetsiel tätig war. Bis etwa 1980 wurde der Hof noch landwirtschaftlich genutzt, dann wurde das Gebäude immer weiter umgebaut und verändert. Doch das 1683 errichtete Gulfhaus ist in Form des Wohnteils bis heute erhalten geblieben.

2016 kaufte schließlich die Familie Bader den Gulfhof und renovierte ihn. Inzwischen betreibt das Ehepaar Susanne und Thomas Bader hier das gemütliche Hofcafé namens »Himmel auf Erden« und seit 2017 auch mehrere Ferienwohnungen. Der Hof liegt nur etwa zwei Kilometer von Greetsiel entfernt und wurde auf einer ausgedehnten Warft errichtet. Der Ausblick und die vielen zu beobachtenden Vogelarten erfreuen nicht nur Ornithologen. Auch der Pilsumer Leuchtturm steht in unmittelbarer Sichtweite und ist daher ideal für einen kleinen Abstecher geeignet. Wer sich bei »Akkens« stärken möchte, wird nicht enttäuscht: Selbst gemachte Torten und Kuchen, aber auch ostfriesische Hausmannskost erwarten die hungrigen Gäste. Auch die Kinder kommen nicht zu kurz, da ein einladender Spielplatz für Unterhaltung sorgt. Wer länger bleiben möchte, kann es sich in einer der fünf Ferienwohnungen gemütlich machen.

Adresse Akkenser Weg 1, 26736 Krummhörn | **Anfahrt** von Emden nach Pewsum fahren, dort der Beschilderung nach Greetsiel folgen, auf der Ortsumgehung bis zur Hafenstraße, rechts abbiegen und am Ende der Straße links in Zur Hauener Hooge, dann wieder links in Topper Diek und rechts in Akkenser Weg | **Öffnungszeiten** siehe Aushang | **Tipp** Überquert man an der Hauener Hooge den Deich, erreicht man den markierten Ruhe- und Aussichtspunkt am Badesee.

24 Das Hexenhaus

Wohnen im Deich

Wenn man als Kind in den 1960er Jahren über den Deich spazierte, vorbei an den zwei Giebeln, dann war Vorsicht geboten. Denn, so war immer wieder zu hören, in dem Haus spukte es. Kein Wunder, sollen hier doch Hexen gewohnt haben. Dieses Kindermärchen, von dem ebenso viele wie unterschiedliche Versionen kursierten, verlieh dem Doppelhaus auch seinen Beinamen: Hexenhaus. Später verflog die Angst natürlich, und man lachte über die Jüngeren, die den Gruselgeschichten Glauben schenkten. Das Haus sah damals anders aus als heute. Die Farbe blätterte ab, die Fenster waren alt, die Scheiben stumpf, die Hausanker rostig. Wer mutig war, verließ die Deichkrone und rannte auf dem schmalen Weg rechts am Haus vorbei. Wer dann auch noch Glück hatte, dem stellte sich keine Hexe in den Weg. Erstaunlicherweise hatte jeder Glück. Das war einem als Kind aber nicht bewusst.

Viele der Häuser an der Sielstraße und am Deich waren Fischern und Seeleuten vorbehalten. Hier waren sie der See und den Gezeiten näher. Das gilt auch für das Hexenhaus, dessen westlicher Teil 1850 entstanden ist, während der östliche Teil aus dem Jahr 1910 stammt. Gut erkennbar sind die Hausanker, die den Dachstuhl und die Holzbalkendecke mit dem Mauerwerk verbinden. Holz, Mauer- und Dachziegel sind die wesentlichen Baumaterialien des Gebäudes. Heute würde man für ein Haus, das mehr oder weniger auf der Landseite im Deich steht, keine Baugenehmigung bekommen. Vor mehr als 100 Jahren hat man darin offenbar kein Problem gesehen. Und damals war das Hafenbecken noch nicht tidenunabhängig, sondern Ebbe und Flut und somit auch Sturmfluten ausgesetzt.

Das Kleinod am Deich war in jüngster Zeit auch schon Handlungsort eines Krimis, in dem Kommissar Gerd Greven sein Leben riskiert. Heute dient es als Ferienwohnung in exklusiver Lage. Bis zur Deichkrone sind es nur ein paar Meter.

Adresse Am Alten Deich 9, 26736 Krummhörn | Anfahrt von Emden nach Pewsum fahren, dort der Beschilderung nach Greetsiel folgen, am Ortsrand parken und zu Fuß zum Hafen | Öffnungszeiten von außen jederzeit, innen nach Voranmeldung unter Tel. 0171/5423693 | Tipp Ganz in der Nähe steht der alte Rettungsschuppen der DGzRS, in dem sich ein Café befindet (Am Alten Deich 31, www.rettungsschuppen-greetsiel.de).

25 Der Riesengranat

Schwer zu pulen

Frische Krabben sind für viele Ostfriesland-Urlauber ein Muss. Die kleinen Krustentiere gibt es in Fischerorten wie Greetsiel fangfrisch zu kaufen. Natürlich kann man auch direkt in eines der vielen Fischrestaurants gehen und Klassiker wie »Nordseekrabben auf Schwarzbrot mit Spiegelei« oder »Rührei mit frischen Krabben« genießen.

Spätestens seit dem 17. Jahrhundert wurden zwischen der Westküste Schleswig-Holsteins und den Niederlanden Krabben gefangen. Allerdings waren sie damals noch nicht die Delikatesse, als die sie heute gelten. Die eiweißreichen Tiere wurden zunächst als Viehfutter verwendet. Erst nach und nach entwickelte sich die Krabbe zum leckeren Nordsee-Essen. Doch wer wie die Einheimischen richtig frische Krabben zu Hause auf den Teller bringen möchte, bestellt an der Fischtheke »Granat«. So werden die ungepulten Krabben genannt, die pfundweise im Laden verkauft werden. Frischer geht es wirklich nicht. Zu Hause müssen die Tierchen dann händisch von ihrer Schale befreit werden. Für Ungeübte durchaus eine Herausforderung, aber der Genuss von selbst gepulten Krabben ist phantastisch.

Im Hafen von Greetsiel steht sogar eine »Liebeserklärung« aus Metall an die kleine Nordseekrabbe. Die Figur stammt von dem Kunstschmied Alfons Hieser (1921–1999) aus Dörlesberg. Nach dem Zweiten Weltkrieg war Hieser als Marinesoldat in Emden stationiert. Dann bekam er die Möglichkeit, in Greetsiel als Schmiedegeselle zu arbeiten, und lernte das Fischerdörfchen kennen und lieben. Als er wieder in sein Heimatdorf zurückkehrte und schließlich Kunstschmied wurde, setzte er der kleinen Nordseekrabbe ein Denkmal und schenkte die Figur der Gemeinde Greetsiel. »Greetje«, wie die metallene Krabbe heißt, steht direkt am Hafen bei den Fischkuttern. Sie ist Alfons Hiesers Geschenk für die schöne Zeit, die er in Greetsiel verbringen durfte.

Adresse Greetsieler Hafen, 26736 Krummhörn | Anfahrt von Emden nach Pewsum fahren, dort der Beschilderung nach Greetsiel folgen, am Ortsrand parken und zu Fuß zum Hafen | Öffnungszeiten jederzeit | Tipp Gegenüber legen die Kutter an. Dieses Manöver sollte man sich nicht entgehen lassen.

26 Der Schmalspurbahnhof

Als Jan Klein die Krummhörn erschloss

Ende des 19. Jahrhunderts waren befestigte Straßen in weiten Teilen Ostfrieslands noch nicht vorhanden. Der Frachtverkehr wurde vorwiegend über die Binnenschifffahrt auf den Tiefs abgewickelt, der Personenverkehr über Pferdewagen. Zumindest für die Krummhörn sollte sich das ändern, als die Reichsbahn beschloss, die Dörfer durch eine Kleinbahnstrecke zu verbinden.

Der erste Streckenabschnitt führte vom Emder Kreisbahnhof bis nach Pewsum und wurde am 27. Juli 1899 eröffnet. Zwei kleine Dampflokomotiven mit zwei Achsen zogen die Waggons, die Güter wie Personen beförderten. Später wurden größere Lokomotiven angeschafft, denn am 21. September 1906 war der zweite Streckenabschnitt fertig, der bis nach Greetsiel reichte. Mit 14 Stationen waren die meisten Dörfer der Krummhörn nun per Bahn erreichbar. Das Leben veränderte sich, denn die Entfernungen schrumpften. »Die Eisenbahn tötet den Raum«, formulierte Heinrich Heine einst. Die erste Diesellokomotive kam 1934 zum Einsatz und konnte auch in Greetsiel gewartet werden. Direkt neben dem Bahnhof wurde ein Lokschuppen errichtet, der heute noch steht, jedoch anderweitig genutzt wird.

Der Bahnhof ist auch noch vorhanden und beherbergt inzwischen ein Restaurant. Die Aufschrift ist bis heute zu erkennen. Das Ende der über so viele Jahrzehnte hinweg erfolgreichen Bahn, die von der Bevölkerung liebevoll »Jan Klein« genannt wurde, ist dem Straßenbau und dem Auto zu verdanken. Kopfsteine und Klinker wurden verlegt und boten nicht nur Autos eine feste Fahrbahn, sondern auch Postbussen. Am 25. Mai 1963 fuhr der letzte Zug, dann übernahmen die Busse die Beförderung in der Krummhörn. Die Gleise wurden demontiert, die Stationen stillgelegt. Aus heutiger Sicht ein nicht nur ökologischer Fehler, sondern auch ein touristischer. Immerhin erinnert noch der Bahnhof an die Zeit von »Jan Klein«.

Adresse Kleinbahnstraße 12, 26736 Krummhörn | Anfahrt von Emden nach Pewsum fahren, dort der Beschilderung nach Greetsiel folgen, am Ortsrand parken und zu Fuß in die Kleinbahnstraße | Öffnungszeiten siehe Aushang an der Tür | Tipp Etwa 100 Meter entfernt steht der alte Lokschuppen der Kleinbahn.

27 Das Siel

Die Keimzelle Greetsiels

Ende des 14. Jahrhunderts verlor der Ort Appingen den Zugang zum Meer. Die Verlandung im Norden des Dorfes war so weit vorangeschritten, dass ein neuer Deich und ein neues Siel gebaut werden mussten. Die Häuptlingsfamilie Cirksena zog die Konsequenzen und verlegte ihren Wohnsitz daraufhin von Appingen nach Greetsiel. Denn diesen Namen – Siel am neu gewonnenen Land – hatte das neue Bauwerk erhalten. Über dieses wurde das Alte Greetsieler Sieltief entwässert. Auf der Seeseite entstand ein Hafen, der 1388 erstmals urkundlich erwähnt wurde. Während Appingen schnell an Bedeutung verlor, stieg Greetsiel zu einem wichtigen Häuptlingssitz auf. Die Familie Cirksena herrschte von ihrer Burg aus für einige Zeit sogar über Emden und ganz Ostfriesland.

Dass Verlandung und die Eindeichung des Neulands den Lauf der Geschichte ändern, ist nichts Ungewöhnliches. Der Zugang zur See und damit zum Seehandel war von großer Bedeutung für die Dörfer Ostfrieslands. Auch Marienhafe, Eilsum, Visquard oder Manslagt waren einst Küstenorte mit Häfen und mitunter auch Sielen. Ein Siel entwässert ja nicht nur das Hinterland und gibt so der Landwirtschaft die Möglichkeit, den fruchtbaren Marschboden zu sichern, es sorgt auch für den Erhalt eines Fahrwassers. Werden die Sieltore bei Ebbe geöffnet, nimmt das ins Meer fließende Wasser abgelagerten Schlick mit. Diese Aufgabe erfüllte auch das Alte Siel am Hafen. Soweit man weiß, ist es bereits das dritte Siel an dieser Stelle. Sturmfluten haben die Vorgänger zerstört.

Das Alte Siel wurde 1798 erbaut, was der Inschrift auf der Westseite zu entnehmen ist. Bis 1950 war es in der Lage, den Hafen halbwegs schlickfrei zu halten. Unterstützt wurden sie dabei von speziellen Räumbooten. Dann wurde es geschlossen und erst 1990 nach einer umfassenden Restaurierung wieder geöffnet. Der Blick durch das Siel in den Hafen und somit auch in die Vergangenheit ist nun wieder möglich.

Adresse Sielstraße/Am Markt, 26736 Krummhörn | **Anfahrt** von Emden nach Pewsum fahren, dort der Beschilderung nach Greetsiel folgen, am Ortsrand parken | **Öffnungszeiten** jederzeit | **Tipp** Im Hotel »Zum alten Siel« am Markt arbeitete noch in den 1970er Jahren ein Schmied und reparierte die Fanggeschirre der Fischer.

28 Die Slipanlage

Alles frisch gepönt

Auch Fischkutter brauchen ab und zu eine Reinigung oder einen neuen Anstrich. Allerdings befindet sich ein Großteil ihres Rumpfs unter Wasser. Ihn von Muscheln, Algen und Dreck zu befreien und zu pönen (anzustreichen) ist also gar nicht so einfach. Früher hat sich der Kapitän eine bekannte und geeignete Sandbank oder eine andere Stelle im Watt ausgesucht und seinen Kutter trockenfallen lassen. Er hat also die Ebbe abgewartet und sich dann den Rumpf vorgenommen. Mit Schabern und Schrubbern wurde der Rumpf gereinigt, repariert oder gepönt. Die Flut hat dann den Kutter wieder flottgemacht. Die Arbeitszeit war also begrenzt und vorgegeben. Beeilung war angesagt, sonst musste man eine weitere Ebbe abwarten, die natürlich tagsüber stattfinden musste. Früher konnte man diese Art der Wartung oft im Watt beobachten. Viele Schiffe waren Plattbodenschiffe und lagen sicher auf dem Wattboden.

Heute helfen bei derartigen Arbeiten Slipanlagen wie jene im Greetsieler Hafen, die auch ein Patentslip darstellt. Soll ein Kutter geslipt werden, wird zunächst der Slipwagen unter die Wasserlinie gefahren. Er bewegt sich auf Schienen und wird mit Hilfe einer Motorwinde bewegt. Der Kutter wird nun über den Wagen manövriert, zum Aufliegen gebracht und auf dem Wagen aus dem Wasser gezogen. Jetzt kann er unabhängig von den Gezeiten gereinigt und gepönt werden – eine wesentliche Arbeitserleichterung. Allerdings besitzt bei Weitem nicht jeder Kutterhafen eine derartige Slipanlage. Wer durch den Greetsieler Hafen spaziert, sollte sich das Schauspiel nicht entgehen lassen, falls er dort einen Kutter entdeckt. Es ist eine seltene Gelegenheit, ein solches Boot vollständig zu sehen und Vorgänge zu verfolgen, die man nicht alle Tage zu Gesicht bekommt. Unbedingt sollte man aber Abstand halten, denn diese Arbeiten sind nicht immer ungefährlich. Es ist schon vorgekommen, dass sich der Slipwagen gelöst hat und der Kutter wie bei einem Stapellauf ins Wasser gerauscht ist. Aber nicht in Greetsiel!

Adresse Greetsieler Hafen, 26736 Krummhörn | **Anfahrt** von Emden nach Pewsum fahren, dort der Beschilderung nach Greetsiel folgen, am Ortsrand parken und zu Fuß zum Hafen | **Öffnungszeiten** jederzeit | **Tipp** Schräg gegenüber, auf der anderen Seite des Hafens, befindet sich der Aussichtspunkt Greetsieler Yachthafen.

29 Das Steinhaus

Alter schützt vor Schönheit nicht

Mitten in Greetsiel steht auf einer kleinen Warft das Steinhaus – das älteste erhaltene Haus des Ortes. Lange Zeit war umstritten, ob es sich überhaupt um eine Warft handelt, inzwischen sind sich die Experten sicher. Das eingeschossige Wohnhaus mit Traufsteinen in Form von Löwenköpfen hat eine lange Geschichte vorzuweisen. Sie beginnt bei der Grafenfamilie Cirksena, die aus dem Greetsieler Häuptlingsgeschlecht hervorgegangen ist. Ab 1464 stellte sie zunächst die Reichsgrafen und später die Reichsfürsten, welche über die ostfriesische Region herrschten. Im 15. Jahrhundert setzten sich die Cirksenas gegenüber anderen Häuptlingsfamilien durch und regierten Ostfriesland bis ins 18. Jahrhundert. Ihre Linie endete mit Carl Edzard. Der letzte Regent der Familie Cirksena starb 1744 und hinterließ keine Nachkommen.

Wahrscheinlich war Häuptling Edzardsna Cirksena der Erbauer des zwischen 1362 und 1388 errichteten »olde huus«, dem Vorgängerbau der Burg. Es entstand vermutlich, als die Cirksenas ihren Sitz von Appingen nach Greetsiel verlegten. Der Häuptling Edzardsna war auch für den Bau der Greetsieler Kirche verantwortlich, die besichtigt werden kann.

Um 1600 wurde das ursprüngliche Steinhaus abgetragen und darauf der heutige Bau errichtet. Über die Jahrhunderte hinweg wurde das Haus jedoch immer wieder verändert. Der Gewölbekeller stammt aber noch aus der Zeit um 1390.

Das stattliche Gebäude ist dank des heutigen Eigentümers in einem sehr gepflegten Zustand. Sogar der alte Kamin, der aus der Zeit der Spätgotik stammt und bei Erdarbeiten im Garten gefunden wurde, wurde wiederhergerichtet und an seinem ursprünglichen Platz eingebaut. Die Um- und Anbauten wurden entfernt, um die einstige Bauweise zum Vorschein zu bringen. Außerdem wurden nach und nach Renaissancefenster eingesetzt. So ist das Steinhaus dank der Pflege und Instandhaltung auch heute noch ein Stück alter Ortsgeschichte.

Adresse Kleinbahnstraße 1, 26736 Krummhörn | Anfahrt von Emden nach Pewsum fahren, dort der Beschilderung nach Greetsiel folgen, am Ortsrand parken (Supermarkt Rah) | Öffnungszeiten nur von außen zu besichtigen | Tipp Das Eiscafé am Hafen ist nur ein paar Schritte entfernt (Sielstraße 17, Tel. 04926/1681).

30 Der Sturmflutpegel

Erinnerung und Warnung zugleich

Wenn Stürme das Wasser des Meeres auf die Küste zutreiben und gleichzeitig die Flut ihre Wirkung entfaltet, kann das Ergebnis verheerend sein. Bereits römische Geschichtsschreiber haben dieses Phänomen dokumentiert. Hinzu kommt die Transgression nach dem Ende der Eiszeit, also das Vordringen des Meeres auf bis dahin trocken liegende Teile einer Landmasse.

Im Laufe von Jahrtausenden haben nicht zuletzt Sturmfluten die Küsten geprägt und immer wieder verändert. Insbesondere Küstenregionen, die nur knapp über dem Meeresspiegel liegen, sind eine leichte Beute für die Wassermassen. Zu diesen Regionen zählt auch Ostfriesland. Zwar hat der Deichbau, mit dem vor rund 1.000 Jahren begonnen wurde, die Gefahr reduziert, jedoch nicht gebannt. Immer wieder wurden Deiche zerstört und konnten die Flut nicht aufhalten.

Mitte des 14. Jahrhunderts schufen Sturmfluten den Dollart und vergrößerten den Jadebusen. Die Petriflut von 1651 teilte die Insel Juist in zwei Hälften. Die Sturmflut von 1953 gilt als schwerste des 20. Jahrhunderts. Die Sturmflut am 16. und 17. Februar 1962 führte an der deutschen Nordseeküste zu verschiedenen Deichbrüchen und kostete 315 Menschen das Leben. Die Deiche der Krummhörn konnten nur mit vielen Sandsäcken und noch mehr Manpower gehalten werden. In Greetsiel lief das Wasser unter den Fluttoren des Hafens hindurch in den Ort.

Von diesen und anderen Geschichten erzählt der Sturmflutpegel im Hafen. Selbst mit wenig Phantasie kann man sich ausmalen, welche Gefahr von der Nordsee ausgeht. Und auch der Klimawandel lässt bekanntlich den Meeresspiegel steigen. Der Sturmflutpegel ist also nur eine Momentaufnahme und somit eine Warnung vor noch höheren Fluten. Schmilzt das Grönlandeis, steigt der Meeresspiegel im Schnitt um 6 Meter, das Eis der Antarktis könnte weitere 57 Meter hinzufügen – wenn wir nicht verhindern, dass die Temperaturen weiter ansteigen.

Adresse Am Alten Deich 25, 26736 Krummhörn | Anfahrt von Emden nach Pewsum fahren, dort der Beschilderung nach Greetsiel folgen, am Ortsrand parken und zu Fuß zum Hafen | Öffnungszeiten jederzeit | Tipp Nicht weit entfernt liegt die Wetterstation Greetsiel (Am Alten Deich 3).

31 Das Vörstahnfenster

Ausladend einladend

Bis Mitte des 20. Jahrhunderts waren sie noch überall zu sehen, die vorstehenden Schaufenster, die es ermöglichen, die ausgestellte Ware auch von der Seite zu betrachten. Diese Vorläufer der modernen Schaufenster sind Sprossenfenster, denn große Glasscheiben konnte man früher nicht herstellen, jedenfalls nicht zu bezahlbaren Preisen. Also wählte man das übliche Sprossenfenster, für das viele kleine Scheiben genügten, und wölbte es wie einen Erker nach außen, um dem potenziellen Kunden einen möglichst guten Blick auf die Ware zu gewähren. Diese Konstruktion hat auch den Vorteil, dass sie leicht zu reparieren ist. Sollte ein Ball das Fenster treffen, so reicht es aus, eine einzelne Scheibe vom Glaser austauschen zu lassen. Die Zerstörung des gesamten Fensters ist unwahrscheinlich.

Über ein ebenso seltenes wie gut erhaltenes Exemplar eines Vörstahnfensters verfügt Poppinga's Alte Bäckerei in der Sielstraße. Das Haus wurde gebaut, nachdem der Vorgängerbau von der Februarflut 1825 zerstört worden war. Das zweigeschossige Gebäude diente, wie der Name schon sagt, lange Zeit als Bäckerei und Tante-Emma-Laden. Teile der ursprünglichen Einrichtung sind auch heute noch zu sehen und erlauben eine Zeitreise in eine längst vergangene Konsumkultur. Als in den 1960er und 1970er Jahren die großen Umbrüche kamen und die Supermärkte den kleinen Läden die Kunden abspenstig machten, war die Zukunft der alten Bäckerei unklar. Erst der einsetzende Tourismus eröffnete die Perspektive, das Haus in seiner gewachsenen Form zu bewahren und mit ihm auch das rare Vörstahnfenster. Als Teestube wurde dem Haus eine neue, durchaus auch museale Rolle zugewiesen, die es zu einem Kleinod macht. Die anderen Vörstahnfenster, die es einst in Greetsiel zu bewundern gab, etwa in der Mühlenstraße, sind für immer verloren. Sie haben das Zeitfenster verpasst, um als erhaltenswert zu gelten.

Adresse Sielstraße 21, 26736 Krummhörn | **Anfahrt** von Emden nach Pewsum fahren, dort der Beschilderung nach Greetsiel folgen, am Ortsrand parken | **Öffnungszeiten** siehe Aushang | **Tipp** In Sichtweite befindet sich die alte Sielmauer, die früher deutlich höher war. Von dort aus hat man einen guten Blick auf den Hafen.

32 Der Altendeich

Fester Boden unter den Füßen

Fährt man von Grimersum in Richtung Schoonorth, muss man die Reste eines alten Schlafdeichs überqueren. Sofort fällt auf, dass dieser Deich bebaut ist. Rechts heißt er Wirdumer Altendeich, links Grimersumer Altendeich. Er wurde Ende des 15. Jahrhunderts gebaut, um der damals noch sehr weit ins Binnenland ragenden Leybucht Neuland abzutrotzen. Hatte sich wieder Neuland gebildet, wurde ein weiterer Polder eingedeicht. Die Deiche wanderten so dem Neuland hinterher und dem Meer entgegen. Doch was machte man mit den alten Deichen? Eine Zeit lang ließ man sie stehen, denn sie boten zusätzlichen Schutz, sollte der neue Deich bei einer Sturmflut brechen. Nur der Polder wurde geflutet, während der Schlafdeich Schlimmeres verhinderte. Bei der nächsten Eindeichung aber wurde der Schlafdeich endgültig überflüssig. Natürlich hätte man ihn abtragen können, was aber sehr aufwendig gewesen wäre. Man hätte ihn auch als Weide nutzen können. Der Deich zwischen Grimersum und Wirdum wurde jedoch anderweitig verwendet, nämlich als Bauland.

Diese Entscheidung hatte gute Gründe. Der Marschboden hat nämlich so seine Tücken und gibt gern nach, sollte man nicht für ein gutes Fundament gesorgt haben. Oft wird daher sogar gerammt, damit die Gebäude später sicher stehen. Ein alter Deich jedoch ist ein wunderbares Fundament. Die Erde ist verdichtet und liegt mitunter seit vielen Jahrzehnten dort. Da tut sich im Boden nicht mehr viel. Also wurde der alte Deich zur Siedlung Altendeich und nach und nach bebaut. Der Deich wurde abgeflacht, die verbreiterte Deichkrone mit einer Straße versehen. Es war nicht das Siedlungsgebiet reicher Bauern, wie an der Größe der älteren Häuser unschwer zu erkennen ist. Aber es war guter Grund, auf den man sich verlassen konnte. Und die Straße auf dem Deich versank auch bei Regen nicht im Matsch, wie es so viele andere taten. Heute ist die Siedlung eine echte Rarität.

Adresse Grimersumer Altendeich, 26736 Krummhörn | Anfahrt von Emden nach Pewsum fahren, auf der Eilsumer Landstraße nach Grimersum und rund einen Kilometer hinter dem Ort links in den Altendeich einbiegen | Öffnungszeiten jederzeit | Tipp Wo der Altendeich endet, beginnt rechts (in östlicher Richtung) ein Schlafdeich. Wandert man auf diesem etwa 1,5 Kilometer weiter, stößt man auf zwei Kolke, Überreste aus dem 17. Jahrhundert.

33 Das Arbeiterhaus

Alles andere als ein Gulfhof

Im Gegensatz zu den prächtigen Gulfhöfen Ostfrieslands wurden die Arbeiterhäuser sehr einfach und zweckmäßig gebaut. Oft wurde altes Material für die Errichtung verwendet, und die Häuser wurden im Laufe der Zeit nicht selten erweitert oder mehrmals umgebaut. Daher gibt es heute nur noch wenige erhaltene Arbeiterhäuser aus dem 18. und 19. Jahrhundert. Eines von ihnen ist das Arbeiterhaus in Grimersum. Es befindet sich in einem Arbeiterquartier in der sogenannten »Krummen Lohne« und wurde im Jahr 1752 errichtet. Es besteht zum Teil aus alten Klostersteinen, die Ziegelsteine sind noch die originalen. Besonders schön ist das runde Dachfenster aus Ton. Da das kleine Gebäude über die Jahrzehnte gut gepflegt und kaum verändert wurde, ist es noch deutlich als Arbeiterhaus erkennbar. Es vermittelt daher einen guten Eindruck von den Lebensverhältnissen und Wohnbedingungen der Landarbeiterfamilien. Diese waren meist von zahlreichen Entbehrungen und wenigen Annehmlichkeiten geprägt.

Das Arbeiterhaus in Grimersum verfügte über eine Wohn- und eine Schlafkammer. Oft lebten in solchen Zimmern bis zu zehn Familienmitglieder auf engstem Raum. Die Kammer hat eine Größe von insgesamt 18 Quadratmetern, allerdings waren 4 Quadratmeter davon mit den Butzen, sogenannten Wandbetten, belegt. Ansonsten waren die Räume nur mit wenigen Möbeln bestückt: Esstisch und Stühle, eine Bank und ein Schrank. In diesem wurde das Nötigste aufbewahrt. Einen Kleiderschrank gab es nicht. Zum einen war dafür kein Platz, und außerdem besaß die Familie auch kaum Kleidung, die aufbewahrt werden musste. Die Kinder hatten nur das, was sie tagsüber anhatten, und die Erwachsenen höchstens ein Kleid beziehungsweise einen Anzug für Feiertage und Hochzeiten. Direkt anschließend an die Wohnkammer lag der Stall, und von dort gelangte man schließlich in die Wohnküche. Heute würde man von einem »Tinyhouse« sprechen. Damals war es ein normales Haus.

Adresse Krumme Lohne 1, 26736 Krummhörn | Anfahrt von Emden nach Pewsum fahren, auf der Eilsumer Landstraße nach Grimersum | Öffnungszeiten nur von außen zu besichtigen | Tipp Nicht weit entfernt, im Emder Weg 4, befindet sich das »Westerburger Schatthaus«, erbaut 1864.

34 Die Beningaburg

Verschwundene Pracht

Die ostfriesischen Häuptlinge boten im 14. und 15. Jahrhundert immer wieder Piraten Unterschlupf. Bis heute bekannt sind Gödeke Michels und Klaus Störtebeker, die Anführer der Vitalienbrüder. Die Hamburger Kaufleute, die die Leidtragenden ihrer Aktionen waren, organisierten Strafexpeditionen nach Ostfriesland, um die Burgen der dortigen Häuptlinge zu zerstören. Auch die Burg der Häuptlingsfamilie Beninga in Grimersum wurde 1436 von den Hamburgern dem Erdboden gleichgemacht. Doch kaum waren die Feinde wieder abgezogen, machten sich die Beningas daran, eine neue Burg zu bauen.

Die Anlage hatte vier Flügel und war von einem Wassergraben umgeben. Außerdem entstanden Nebengebäude, die vorwiegend landwirtschaftlich genutzt wurden, aber auch als Lager dienten. Im zweigeschossigen Haupthaus gab es außer den Wohnräumen auch einen Leseraum und einen Rittersaal, eine großzügige, komfortable Burg für einen ostfriesischen Häuptling. Als Eggerik Beninga (1490–1562), der berühmte Chronist, die Burg übernahm, ließ er sie 1548 im Stil der Renaissance modernisieren. Der belesene und gebildete Häuptling begann auch mit der Einrichtung einer Bibliothek. Die neue Festung wurde Beningaburg oder Osterburg genannt, da es noch eine weitere gab, die Westerburg hieß. Durch eine Heirat fiel auch diese an die Beningas. Folkmar Eger Beninga (1670–1717) war schließlich der letzte männliche Vertreter der Häuptlingsfamilie. Mehrmals wechselte die Burg die Besitzer, die nicht über die Mittel verfügten, die einst so prächtige Anlage zu erhalten. Sie verfiel allmählich und wurde unbewohnbar. 1840 wurde zuletzt versucht, die Burg zu verkaufen, was aber nicht gelang. Schließlich stürzte sie 1891 ein, und die Trümmer wurden Anfang des 20. Jahrhunderts abgetragen. Heute warten die inzwischen gesicherten Grundmauern und der Burggraben auf weitere archäologische Untersuchungen. Die Ruine musste mit Erde bedeckt werden, um Diebstählen vorzubeugen.

Adresse Eilsumer Landstraße 7, 26736 Krummhörn | **Anfahrt** von Emden nach Pewsum fahren, auf der Eilsumer Landstraße nach Grimersum | **Öffnungszeiten** nur von außen zu besichtigen | **Tipp** Zwischen Grimersum und Wirdum befinden sich in Sichtweite der Straße zwei Warften, auf denen einst Burganlagen standen, die 1379 zerstört wurden: die ersten Burgen der Familie Beninga.

35 Der Glockenturm

Frei stehend, aber klangvoll

Grimersum war früher ein wichtiger Handelsplatz und ein beliebter Treffpunkt in der Region. Das lag vor allem an der guten Position des Langwurtendorfes. Es ist neben Groothusen das einzige Dorf dieser Art in der Krummhörn. Bei allen anderen Ortschaften handelt es sich um Rundwarftendörfer. Grimersum war im frühen Mittelalter über eine Bucht mit dem Meer verbunden und dadurch auch wichtig für den Seehandel und für einflussreiche ostfriesische Kaufleute. Die Bucht ist längst verlandet, eingedeicht und verschwunden, aber das Dorf ist immer noch an das umfangreiche Kanalnetz Ostfrieslands angeschlossen. Das zeigen auch der weiterhin bestehende Bootshafen und der Bootsanleger.

Die alte Kirche prägt bis heute die schöne Ortschaft. Sie liegt am westlichen Rand des Dorfes und entstand bereits zwischen 1270 und 1280. Neben einem gepflegten Friedhof gibt es noch einen frei stehenden Glockenturm. Dieser fällt durch seine imposante massive Bauweise auf. Er ist mit Sandsteinen in barocker Form verziert und wurde erst 1641 errichtet, während die Kirche den Stil der angehenden Gotik zeigt.

Das Kirchengebäude selbst birgt wiederum einige Sehenswürdigkeiten, weshalb man nicht nur einen Spaziergang über den Friedhof machen sollte. Neben einem alten Taufbecken aus Sandstein kann man hier mehrere Grabsteine und Grabplatten der einflussreichen Häuptlingsfamilie Beninga bewundern (siehe Ort 36). Die Kirche verfügt sogar über eine kleine begehbare Gruft. Dass die Beningas in der Grimersumer Kirche ihre letzte Ruhestätte gefunden haben, ist nicht weiter verwunderlich. Die ostfriesische Häuptlingsfamilie besaß hier einst zwei Burgen. Schon allein das zeigt die Macht, die die Beningas einst besaßen. Neben diesen historischen Highlights bietet die Kirche regelmäßig Kindergottesdienste an. Wirft man einen Blick auf die Internetseite der Gemeinde, kann man sogar eine Videoreihe für Kinder entdecken.

Adresse Am Ender, 26736 Krummhörn | Anfahrt von Emden nach Pewsum fahren, auf der Eilsumer Landstraße nach Grimersum | Öffnungszeiten nur von außen zu besichtigen oder vorher anmelden unter Tel. 04923/430 | Tipp In der Eggerik-Beninga-Straße 8 steht ein altes Arbeiterhaus aus dem frühen 19. Jahrhundert.

36 Die Grabplatte

Steingewordene Geschichte

Diese Grabplatte kann man nicht übersehen. Wer die Kirche von Grimersum betritt, stößt unweigerlich auf dieses graue Monument. Es zeigt Eggerik Beninga (1490 – 1562), der nicht nur Häuptling, sondern auch Gelehrter, Politiker und Chronist war. Er stammte aus der Häuptlingsfamilie Beninga, die über Jahrhunderte hinweg das politische, wirtschaftliche und gesellschaftliche Geschehen in Grimersum und in weiten Teilen Ostfrieslands bestimmte. Eggerik war von 1540 bis 1556 Ratgeber der Regentin Anna von Ostfriesland. Außerdem war er Drost, also Verwalter, der strategisch wichtigen Festung Leerort, die auf einer Landzunge an der Mündung der Leda in die Ems lag. Ein bedeutender Mann also, der auch die Beningaburg zu einem kleinen Renaissanceschloss umbauen ließ.

Heute ist er vor allem als Autor der »Cronica der Fresen« bekannt, einer Chronik Ostfrieslands, deren Aufzeichnungen von der Frühgeschichte bis ins Jahr 1562 reichen. Er verfasste diese Chronik jedoch nicht auf Latein, der bis dahin üblichen Gelehrtensprache, sondern verwendete das Plattdeutsche. Auch andere Gelehrte, etwa der Schweizer Arzt Paracelsus (1493 – 1541), distanzierten sich von der lateinischen Sprache, da diese den gewöhnlichen Menschen nicht zugänglich war. Die Vermutung, Eggerik sei des Lateinischen gar nicht mächtig gewesen, wurde inzwischen von der Forschung widerlegt. Sein wichtigster Lehrer war ein Bruder des niederländischen Humanisten Rudolf Agricola, der ihn mit den Lehren von Erasmus von Rotterdam und Albert Kranz, einem namhaften Historiker, bekannt machte. Die Wahl des Plattdeutschen war demnach wohl eine bewusste Entscheidung. Eggerik nutzte zahlreiche Überlieferungen und schwer zugängliche Quellen, verließ sich jedoch auch auf Erzählungen aller Art. Trotz mancher Mängel gilt die »Cronica der Fresen« als erstes wichtiges Werk der ostfriesischen Geschichte.

Adresse Am Ender, 26736 Krummhörn | Anfahrt von Emden nach Pewsum fahren, auf der Eilsumer Landstraße nach Grimersum | Öffnungszeiten siehe Aushang | Tipp Die Orgel von 1867 (1958 restauriert) mit ihren beiden Flügeltüren lohnt einen Besuch.

37 Der Künstlergarten

Paradiesische Zustände

Spaziert man durch Grimersum, etwa auf der Eggerik-Beninga-Straße, so fallen einem gleich drei sehr gut erhaltene Landarbeiterhäuser aus dem 19. beziehungsweise frühen 20. Jahrhundert auf. Biegt man dann links in den Finkenweg ab, bemerkt man zunächst nichts Besonderes, jedenfalls kein altes Landarbeiterhaus.

Die Attraktion des Finkenwegs liegt ein bisschen im Verborgenen, nämlich hinter dem Haus mit der Nummer 4. Dort hat die Seidenmalerin und Kunsthandwerkerin Elke Kirchhof über viele Jahre hinweg einen Künstlergarten angelegt, eingefasst von einem geschnitzten Gartenzaun. Kleine Wege führen vorbei an bepflanzten Regenrinnen und einer alten Zinkbadewanne. Ein betagter Bauwagen ist Teil des Ensembles, zu dem nicht nur Blumenbeete zählen, sondern auch Gemüse- und Kräuterbeete. Sträucher, kleine Obstbäume und Beeren aller Art sind auf der 600 Quadratmeter großen Anlage ebenso vertreten wie Topfpflanzen und sich an Gerüsten hochrankende Pflanzen. Die Vielzahl der Accessoires ist unüberschaubar und reicht von einer alten Wasserschwengelpumpe bis hin zur bemalten Trittleiter.

Obwohl man hier und da die Natur als Gestalterin in Verdacht hat, war doch die Künstlerin selbst am Werk, deren Garten viel weitläufiger erscheint, als er tatsächlich ist. Erkennbar wurde kein repräsentativer Park imitiert, sondern ein phantasievoller, eigenwilliger Garten geschaffen, der auch eine Liegewiese und ein Gewächshaus mit einschließt. Wer sich vorher anmeldet, kann diesen phantastischen Künstlergarten bewundern.

Im Finkenweg wird dem Besucher dann auch noch die Bepflanzung der Straßenränder auffallen, die nicht von Elke Kirchhof stammt, sondern von der Gartenliebhaberin Magda Henning. Die hohen Gräser und Stauden unterscheiden sich deutlich von der ortsüblichen Bepflanzung. Eine gute Gelegenheit also, sich für eigene Gartenprojekte die nötige Inspiration zu holen.

Adresse Finkenweg 4, 26736 Krummhörn | Anfahrt von Emden nach Pewsum fahren, auf der Eilsumer Landstraße nach Grimersum, dann links in den Emder Weg und rechts in den Finkenweg | Öffnungszeiten Infos unter www.greetsiel.de/sehenswuerdigkeiten oder Tel. 04920/8484884 | Tipp Wer ein gemütliches Gasthaus sucht, der wird im Nachbarort Wirdum fündig: Zum Großen Krug (Grimersumer Straße 6).

38 Das Taufbecken

Alter Sandstein und frisches Wasser

Die Kirche von Grimersum verfügt über eine ganz besondere Ausstattung, weshalb auch ein Besuch des Innenraumes auf jeden Fall zu empfehlen ist. In der Kirche sind unter anderem gleich mehrere Grabsteine und Grabplatten zu sehen. Einige erinnern an Mitglieder der berühmten ostfriesischen Häuptlingsfamilie Beninga. Vermutlich war das Kircheninnere in der katholischen Zeit kostbar geschmückt. Doch Kriege und Fehden, aber vor allem die Reformation haben die einst prächtige Ausstattung erheblich reduziert. Dennoch sind einige Objekte erhalten geblieben und werden bis heute gepflegt. So auch das wohl älteste romanische Ausstattungsstück der Kirche, das Taufbecken aus dem 13. Jahrhundert.

Es ist zwar stark beschädigt und besteht aus zwei Teilen, die eigentlich nicht zusammengehören, aber es verrät so einiges über die Zeit des Mittelalters. Der Taufstein wurde aus Bentheimer Sandstein gefertigt. Dabei handelt es sich um einen reinen Quarzstein, der aufgrund seiner Festigkeit und leichten Bearbeitung sehr beliebt war. Außerdem verfügt der Stein über schöne Farbverläufe, die je nach Eisengehalt mal heller, mal rötlicher leuchten. Seit dem Mittelalter nutzen Baumeister und Künstler den Sandstein, um Kirchen, Theater, Skulpturen oder Brücken zu schaffen. Einige der berühmtesten Bauten aus diesem Material sind beispielsweise die Frauenkirche in Antwerpen oder der Königliche Palast in Amsterdam.

Im 12. und 13. Jahrhundert waren zudem Taufsteine aus Bentheim eine Art Exportschlager. Östlich und westlich der niedersächsischen Stadt Bentheim gab es ein reiches Sandsteinvorkommen. Über Jahrhunderte wurde es in vielen Steinbrüchen abgebaut. Die Taufsteine schuf man noch vor Ort aus einem Stück und transportierte sie dann mit Hilfe von Pferden und Schiffen. Vermutlich kam auf diesem Weg auch der Taufstein von Grimersum in die Kirche, in der er noch heute steht. Der Betrachter kann in ihm eine beeindruckende Botschaft aus dem Spätmittelalter sehen.

Adresse Am Ender, 26736 Krummhörn | Anfahrt von Emden nach Pewsum fahren, auf der Eilsumer Landstraße nach Grimersum | Öffnungszeiten siehe Aushang, Infos und Kontakt unter Tel. 04923/430 | Tipp Die Kirche besitzt einen zugemauerten Nordeingang, durch den einst die Frauen die Kirche betraten. Der Südeingang war den Männern vorbehalten.

39 Der Tiefblick

Fotogene Krummhörner Idylle

Am Grimersumer Tief (Altes Greetsieler Sieltief) verweilt man gern etwas länger und lässt den von Bäumen und Grünpflanzen umrahmten Wasserlauf eine Weile auf sich wirken. Tiefs dienen der Entwässerung des Binnenlandes. Sie waren bis in die erste Hälfte des 20. Jahrhunderts wichtige Verkehrswege.

Versetzt man sich in die vergangenen Zeiten zurück, kann man sich gut vorstellen, wie auf dem Grimersumer Tief kleine Schiffe fuhren. Zusammen mit Entwässerungskanälen durchzogen die Wasserläufe die gesamte Krummhörn und bildeten so ein weitverzweigtes Verkehrsnetz. Besonders aufgrund des schlechten Zustands der Straßen bevorzugten die meisten Händler und ein Großteil der Bauern die Fortbewegung auf dem Wasser. Viele Dörfer und sogar einige Hofstellen hatten eigene Schiffsanleger und waren über Gräben und Kanäle mit der Hafenstadt Emden und dem Fischerdorf Greetsiel verbunden. Bauern verschifften ihr erwirtschaftetes Gemüse und handelten mit ihrem Vieh, wogegen sie begehrte Waren aus der Stadt erhielten. So gab es einen stetigen Austausch zwischen Stadt und Land. Kleine Loogschiffe transportierten die Fracht bis hinein ins Binnenland. Auch Torfschiffe fuhren zwischen den Dörfern und Ziegeleien hin und her. Auf ihrem Rückweg machten die Torfschiffer oft mehrere Zwischenstopps. Dann luden sie Kleiboden aus der Marsch und holten sich Dung von Rindern und anderem Vieh. Damit konnten sie die abgetorften Flächen in ihren Ortschaften düngen.

Damals waren die Tiefs besiedelt, und es herrschte ein geschäftiges Treiben in den Dörfern. Heute ist das längst Vergangenheit, doch die schönen, teilweise dicht bewachsenen Wasserläufe mit ihren verwunschenen Anlegestellen gibt es noch immer. So kann man auch in Grimersum den Tiefblick genießen und eine kleine Pause mit Ostfriesentee und Rosinenstuten machen, bevor man weiter die Krummhörn erkundet.

Adresse Eilsumer Landstraße 7, 26736 Krummhörn | Anfahrt von Emden nach Pewsum fahren, auf der Eilsumer Landstraße nach Grimersum | Öffnungszeiten jederzeit | Tipp Nördlich der Brücke liegen an der Eilsumer Landstraße 11 und 12 zwei alte Gulfhöfe aus der zweiten Hälfte des 19. Jahrhunderts.

40__Der Anleger

So kam der Torf ins Dorf

Der alte Torfanleger am Groothusener Tief wurde noch in den 1950er Jahren von Fehnschiffen genutzt. Sie lieferten den frischen Torf, der der Industrie, aber auch den Handwerksbetrieben und den Dorfbewohnern als preiswertes Brennmaterial diente. Im Gegenzug nahmen die Schiffer Klei mit, um ihre Böden zu düngen. Etwa 100 Meter entfernt wurde der Kanal von den Groothusern auch zum Schwimmen genutzt. Denn dort lag das sogenannte »wied End«, das »weite Ende«. An dieser Stelle war der Kanal breiter als in den restlichen Abschnitten. Besonders die Kinder gingen im Sommer direkt nach der Schule in den Kanal, um sich abzukühlen. Auch die Schiffe nutzten das »wied End«, denn dort konnte man besonders gut wenden.

Doch mit der intensiveren Nutzung von Lastwagen wurde schließlich der Transport von Torf über das alte Siel eingestellt. Allmählich verwahrloste der Anleger und geriet in Vergessenheit. Aber mit Hilfe von Freiwilligen und der Gemeinde wurde der alte Torfanleger von Schmutz und Pflanzen befreit. Die Anlegestelle wurde wiederhergerichtet und erstrahlt heute in neuem Glanz. Nicht nur das: Inzwischen hat der Anleger eine neue Funktion erhalten. Er wurde zu einem wunderschönen Rastplatz für Bootsfahrer, Wanderer und Fahrradfahrer ausgebaut. Eine Schutzhütte wurde aufgestellt, und Bänke laden zum Verweilen in der Sonne ein. Sogar eine Ladestation für E-Bikes gibt es, die extra mit Schlössern ausgestattet wurde. So können die Radfahrer bei einer Pause einen Rundgang durch Groothusen machen. Ist das Wetter besonders gut, kann der Bolzplatz auch als Liegewiese genutzt werden. Außerdem ist der Anleger ein beliebter Ausgangspunkt für Radtouren. Man kann über Loquard, Wybelsum oder Emden fahren und dann wieder zurück nach Groothusen. Dort angekommen, lässt man sich am besten auf einer der Bänke nieder und genießt den Anblick des Wassers.

Adresse Meinhardistraße, 26736 Krummhörn | Anfahrt von Emden nach Pewsum fahren und weiter nach Groothusen, dann links in die Meinhardistraße | Öffnungszeiten jederzeit | Tipp In der Van-Wingene-Straße 7/Thenerweg steht ein Gulfhof auf dem Grund der nicht mehr vorhandenen Westerburg. Teile des Gräftesystems sind noch zu sehen.

41 Die Lindenallee

Unter den Groothusener Linden

Östlich der Osterburg gelangt man in die Parkanlage. Sie ist ein denkmalgeschütztes Gehölz, das inzwischen ein Landschaftsschutzgebiet und für viele Wildtiere ein wichtiger Rückzugsort geworden ist. Seit 2007 ist der Park auch ein sogenannter »Lost Garden« und Teil des Verbands der Gärten innerhalb der Gartenroute Krummhörn-Ostfriesland.

Gegen ein kleines Eintrittsgeld an der Parkkasse kann man in die Ruhe dieser Naturoase eintauchen und das außergewöhnliche Ambiente der beeindruckenden Lindenallee genießen. Die knapp 250 Meter lange Allee endet mit dem Blickpunkt auf eine Pan-Skulptur – seit jeher ein sehr beliebter Ort für Hochzeits- und Familienfotos. Gerade im Sommer bietet der schattige Weg eine Abkühlung, und neugierige Kinder können hier wunderbar auf Entdeckungsreise gehen. Einige Elemente aus der Zeit der Burg sind erhalten geblieben, auch ein Spiegelteich ist noch zu erkennen. Das Eintrittsgeld wird dafür verwendet, altes Laub und heruntergefallene Äste zu entsorgen, die Lindenbärte der Bäume zu schneiden und die Wege instand zu halten.

Folgt man nun weiter der Lindenallee, so gelangt man hinter dem Wassergraben der Burginsel zur Rückseite der Osterburg. Dort befindet sich der ehemalige Obstgarten, der in den historischen Dokumenten als »Appelhoff«, also »Apfelhof«, bezeichnet wurde. Ein Pflanzplan von 1774 weist außerdem die Nutzungsfläche des einstigen Obstgartens aus, denn die Burg war auch ein landwirtschaftlicher Betrieb. Bis etwa 1930 befand sich hier sogar noch ein kleines Häuschen, welches dem Gärtner zum Wohnen zur Verfügung stand.

Hat man nach dem Spaziergang durch die Allee Hunger und Durst bekommen, so kann man sich im Burgcafé stärken. Es wird seit 2015 als Familienbetrieb geführt, und im Außenbereich blickt man bei Kaffee und Kuchen direkt auf die imposante Osterburg und die alte Parkanlage.

Adresse An der Osterburg 1, 26736 Krummhörn | Anfahrt von Emden nach Pewsum fahren und weiter nach Groothusen, rechts auf die Wiard-Meckena-Straße, Burg auf der rechten Seite | Öffnungszeiten Aushang beachten | Tipp Die Osterburg, die um 1480 gebaut wurde, sollte man unbedingt besuchen.

42 Die Middelsteburg

Wie Phönix aus der Asche

Groothusen existiert mindestens seit dem 8. Jahrhundert und lag einst an der Bucht von Sielmönken. Deshalb war das Dorf vor rund 1.000 Jahren ein kleines Handelszentrum, in dem zahlreiche Waren umgeschlagen wurden. Errichtet wurde die Siedlung auf einer Langwarft, die 5,20 Meter über dem Meeresspiegel liegt. Ursprünglich nur »Husum« genannt, erhielt der Ort irgendwann den Namenszusatz »Groot« für groß.

Dass es in Groothusen auch große Häuser gab, steht außer Frage, denn bis zum Beginn des 15. Jahrhunderts standen hier gleich drei Burgen: die heute noch vorhandene Osterburg, die Westerburg und die Middelsteburg. Allein diese Tatsache belegt die Bedeutung des Dorfes, in dem mindestens zwei Häuptlinge residierten, ein Beninga in der Osterburg und ein Tiadekana in der Middelsteburg. Doch Konflikte zwischen diesen und anderen Häuptlingsfamilien und auch mit der Hanse in Hamburg führten zunächst zu mehreren Besitzerwechseln und dann zur Zerstörung beziehungsweise zum Verfall der Westerburg und der Middelsteburg.

Von letzterer war nur noch eine Ruine übrig, als sie der Emder Reeder und Konsul Ysaak Brons 1832 kaufte. Auf dem noch vorhandenen Untergeschoss errichtete er einen großzügigen Wohnsitz, die Villa Brons, die allerdings auch weiterhin von den Krummhörnern Middelsteburg genannt wurde. Die Villa sah zwar ganz anders aus und besaß auch keinen Turm, wurde aber als legitimer Nachfolgebau angesehen. Brons war über die Grenzen Ostfrieslands hinaus bekannt und 1848/49 sogar Mitglied der Frankfurter Nationalversammlung. Als Reeder setzte er sich für die Einführung von Dampfschiffen ein. Seine Frau Antje Brons war eine bekannte Schriftstellerin. Seine Villa überdauerte die Zeit, bis sie 2005 einem Brand zum Opfer fiel. Das Gebäude schien für immer verloren. Den Eigentümern gelang es jedoch, die Middelsteburg zu restaurieren und wieder in altem Glanz erstrahlen zu lassen.

Adresse Van-Wingene-Straße 5, 26736 Krummhörn | Anfahrt von Emden nach Pewsum fahren und weiter nach Groothusen | Öffnungszeiten nur von außen zu besichtigen | Tipp Auf dem Burggelände entstand 1834 aus Steinen der Burg das sogenannte »Swanenhuus«, ein kleiner Gulfhof (Helmerslohne 3).

43__Das Osterburg-Café

Stilvolle Pause

Die Krummhörn hat nicht nur viele besondere Orte zu bieten, sie lädt auch dazu ein, diese ausgiebig mit dem Fahrrad zu erkunden: Vorbei an Deichen, Leuchttürmen und Windmühlen geht es durch die ostfriesische Landschaft. Viele Besucher der Region fahren daher gern von Dorf zu Dorf und kehren bei ihren Touren in den verschiedenen Restaurants und Cafés ein.

Eines davon ist das Café der Osterburg in Groothusen. Es befindet sich im ehemaligen Schatthaus, einem landwirtschaftlichen Wirtschaftsgebäude der Osterburg, und bildet mit der gesamten Burganlage und dem weitläufigen Park ein sehenswertes Ensemble. Die Innenräume des Cafés und Bistros wurden liebevoll im ostfriesischen Stil renoviert. Das Café selbst wird seit Mai 2015 als Familienbetrieb geführt. Nicht nur Radfahrer kommen hier auf ihre Kosten, auch Fischliebhaber und Kulturinteressierte sind herzlich willkommen. Denn neben ostfriesischen Köstlichkeiten gibt es immer wieder Lesungen, Konzerte und andere Veranstaltungen. Die Speisekarte bietet neben »Ostfriesen-Bruschetta« (Nordseekrabben auf gerösteten Kartoffelbrötchen) auch Krabbensuppe »Groothuser Art« mit Rosmarin-Croûtons. Wer lieber etwas Süßes möchte, kann sich den »Osterburg Eisbecher« bestellen oder die leckeren, selbst gemachten Kuchen und Torten genießen.

Dafür eignet sich besonders gut der kleine Café-Garten des Schatthauses. Er bietet den Hungrigen und Durstigen nicht nur etwas für den Magen, sondern auch etwas für das Auge. So kann man bei einer Tasse Kaffee direkt auf die Osterburg blicken und die angrenzende Parkanlage bewundern. Wer Interesse an einer traditionellen ostfriesischen Teezeremonie oder einem ausgedehnten Frühstück hat, kann diese hier ebenfalls buchen. Das Osterburg-Café ist ein ideales Ziel und kann wunderbar als kleiner kulinarischer Zwischenstopp auf dem Weg durch die Krummhörn genutzt werden.

Adresse An der Osterburg 1, 26736 Krummhörn | **Anfahrt** von Emden nach Pewsum fahren und weiter nach Groothusen, rechts auf die Wiard-Meckena-Straße, Burg und Park auf der rechten Seite | **Öffnungszeiten** Mo, Di, Do 12–18 Uhr, Fr, Sa, So 12–22 Uhr oder unter www.osterburg-groothusen.de/burgcafe | **Tipp** Fährt man über die Neu-Etumer Straße Richtung Pilsum, kann man direkt am Deich spazieren gehen.

44 Die Steinbrücke

Begehbare Geschichte

Groothusen ist ein klassisches Langwarftendorf. Früher war es ein bedeutsamer Handelsplatz und Sitz der Mächtigen und Reichen. Die Warft ist eine Aufschüttung im Küstengebiet, eine Art Landzunge. Auf dieser Aufschüttung befindet sich Groothusen. Fährt man auf der Landstraße von Emden nach Pewsum, kommt man in diese schöne Ortschaft. Biegt man nun links Richtung Greetsiel ab, erwartet einen auf der rechten Seite die Osterburg. Mittlerweile ist sie die letzte von ehemals drei Burgen, die einst in Groothusen standen.

Die Burganlage besteht aus mehreren Gebäudeteilen (Steinhaus, Seitenflügel, Gulfscheune) und wurde zwischen 1490 und 1910 in mehreren Bauabschnitten errichtet. Die Osterburg ist nicht ohne Grund eine Wasserburg. Sie ist von einer wunderschönen Gracht, einem breiten Wassergraben, umgeben. Er diente früher zur Verteidigung und kann auch heute nur über die Steinbrücke betreten werden. Sie wird von barocken Torpfeilern flankiert, auf denen stolze Löwenskulpturen jeden Neuankömmling begrüßen. Heute ist der Wassergraben vor allem ein Rückzugsort für Enten, Gänse oder Schwäne.

In die Osterburg kann man jedoch nicht so einfach hineingehen, obgleich die Brücke recht einladend direkt in die Burganlage führt. Seit 500 Jahren ist sie in Familienbesitz und wird ausschließlich privat genutzt. Die ursprünglichen Besitzer sind nach wie vor unbekannt. Doch nach der Zerstörung der Anlage im Jahr 1400 gehörte die wiederaufgebaute Burg Häuptling Folkemar Allena aus Osterhusen. Die Besitzer wechselten über die Jahrhunderte hinweg, doch die Mitglieder der Familie Kempe, der das Anwesen inzwischen seit Generationen gehört, sind direkte Nachfahren der ostfriesischen Häuptlingsfamilie Beninga. Nach telefonischer Absprache kann man von der Familie selbst durch das Anwesen geführt werden und das Inventar aus den verschiedenen Epochen bewundern.

Adresse An der Osterburg 1, 26736 Krummhörn | **Anfahrt** von Emden nach Pewsum fahren und weiter nach Groothusen, rechts auf die Wiard-Meckena-Straße, Burg auf der rechten Seite | **Öffnungszeiten** von außen jederzeit, innen nur nach Absprache unter Tel. 04923/9275323 | **Tipp** In der Wiard-Meckena-Straße 4 steht das »Groothuser Buschhaus«, ein Steinhaus aus dem 17. Jahrhundert, das aufwendig restauriert wurde.

45 Das Armenhaus

Das etwas andere Seniorenheim

In früheren Jahrhunderten besaßen die Städte und viele Dörfer Armenhäuser. Sie waren weniger für arme, sondern vielmehr für alte Menschen gedacht, die nicht mehr in der Lage waren, für sich selbst zu sorgen. Insofern waren die Grenzen zum Seniorenheim fließend. Im Armenhaus wurden die Menschen mit Essen versorgt und bekamen einen Schlafplatz, mitunter sogar ein eigenes Zimmer. Für den Unterhalt waren die Städte, die Kirchen und die Bürger verantwortlich. Hier und da gab es auch großzügige Spender. In der Regel waren die Armenhäuser nur den ortsansässigen Menschen vorbehalten, während die Bürger anderer Orte ausgeschlossen blieben.

Nicht immer begab man sich freiwillig ins Armenhaus, mitunter wurde man auch von der Familie oder einer zuständigen Behörde dort eingewiesen. Manche Armenhäuser dienten zudem noch als Gefängnis. Dass diese Art der Unterbringung nicht heutigen Standards entsprach, versteht sich von selbst. Im Laufe des 20. Jahrhunderts ist diese soziale Einrichtung verschwunden und moderneren Anstalten gewichen. Nur wenige Gebäude haben die Zeit überdauert. Das gilt auch für die Krummhörn.

In Groß Midlum jedoch ist das Armenhaus erhalten geblieben. Es wurde um 1860 erbaut, wobei auch Ziegel aus dem Vorgängerbau verwendet wurden. Ursprünglich standen drei Räume zur Verfügung, ausgestattet mit Butzen und einem kleinen Stall. Ein Teil der Versorgung der Bewohner wurde über diese Stallungen und einen großen Garten bewerkstelligt. Kleidung und andere Dinge des täglichen Gebrauchs wurden mit Spenden gedeckt. Heute befindet sich das ehemalige Armenhaus in Privatbesitz und wurde umfassend restauriert. Somit muss man seine Phantasie bemühen, um sich in die Vergangenheit zurückzuversetzen, als es hier weder fließendes Wasser noch elektrischen Strom gab. Ein hartes Leben kommt dabei zum Vorschein.

Adresse Groß-Midlumer-Ring 21, 26759 Groß Midlum | Anfahrt von Emden auf der Auricher Straße, dann auf der Landstraße nach Hinte fahren und anschließend nach Groß Midlum | Öffnungszeiten nur von außen zu besichtigen | Tipp Am Löschteich 5 befindet sich die »Alte Pastorei«, die heute als Ferienwohnung dient.

46 Die Burgmauer

Verschwundene Häuptlingsmacht

Wie in anderen Dörfern gab es auch in Groß Midlum eine Häuptlingsburg, die eine der schönsten und eindrucksvollsten der ganzen Gegend gewesen sein soll. Ihre genaue Entstehungszeit ist unbekannt, wahrscheinlich ist das späte 14. Jahrhundert, als einige reiche Bauern dazu übergingen, sich Häuptlinge zu nennen, und große Steinhäuser errichten ließen. Die Burg stand jedenfalls im Süden des Warftendorfes und war von einem breiten Wassergraben umgeben. Der zweistöckige Mittelbau besaß zwei Seitenflügel, einen großen Burgplatz, eine Allee sowie Gärten und Felder. Im Grunde war die Burg ein großer landwirtschaftlicher Betrieb, der die Häuptlingsfamilie mit allem Notwendigen versorgte, Fische aus dem Burggraben inklusive. In Kriegszeiten konnte eine Zugbrücke hochgezogen werden.

Erstmalig wird die Burg um das Jahr 1500 erwähnt; Häuptling war zu dieser Zeit Reemt Reersna. Die reiche Emder Familie von Diepholt kaufte die Burg 1565 und residierte dort für drei Generationen. Einer der Nachkommen, Heinrich Bernhard von dem Appelle, war im frühen 18. Jahrhundert Burgherr und zugleich Sprecher der ostfriesischen Stände. Diese wollten sich dem Landesfürsten, Georg Albrecht von Ostfriesland, nicht unterwerfen und schon gar keine Steuern zahlen, was schließlich zum sogenannten Appelle-Krieg (1725–1727) führte. Die Stände verloren, der Burgherr musste seine Burg verlassen, die nun zwangsverwaltet wurde. Erst 1744 konnte er zurückkehren und starb dort 1766. 1792 kaufte die Familie ten Doornkaat Koolman die Burg. Da die Instandhaltung der Anlagen sehr vernachlässigt worden war und auch weiterhin wurde, entschieden sich die Eigentümer 1830 für einen Abriss. Als Nachfolger diente ein neu errichtetes Herrenhaus, das jedoch in den 1960er Jahren wieder abgerissen wurde. Die Spuren der Häuptlingsvergangenheit wurden weitgehend getilgt. Von der einst so herrschaftlichen Burg ist nur die Mauer erhalten geblieben.

Adresse Am Löschteich, 26759 Groß Midlum | **Anfahrt** von Emden auf der Auricher Straße, dann auf der Landstraße nach Hinte fahren und anschließend nach Groß Midlum | **Öffnungszeiten** nur von außen zu besichtigen | **Tipp** Das kleine Warftendorf Westerhusen liegt nur zwei Kilometer entfernt.

47 Die Kirchenglocken

Turmlos und am Boden

Die Kirche von Groß Midlum stammt aus dem späten 13. Jahrhundert und wurde im Stil der Gotik gebaut. Der einschiffige Backsteinbau wurde aus Klostersteinen errichtet. Typisch sind auch die Spitzbogenfenster. Doch ein normalerweise sehr auffälliges Kennzeichen fehlt der Kirche, nämlich der Kirchturm. Da hilft auch kein Rundumblick und kein Satellitenfoto aus dem Internet, ein Kirchturm ist nicht vorhanden.

Es gab ihn früher aber mal, er wurde ebenfalls Ende des 13. Jahrhunderts geschaffen. Allerdings ließ die Qualität des Bauwerks sehr zu wünschen übrig. Eine Sanierung erwies sich als zu aufwendig und zu teuer, was schließlich 1867 zum Abbruch des Turms führte. Ein Wiederaufbau war nicht finanzierbar. Doch wohin mit den Glocken? Sie wurden in einer fast schon skurril zu nennenden Baumaßnahme in die Südmauer der Kirche integriert. Holztüren und die ungewöhnliche Aufhängung verhinderten jedoch einen akzeptablen Klang. Noch dazu wirkte sich das Pendeln der schweren Glocken auf das Mauerwerk aus, dessen Statik dafür nicht gedacht war.

Am Ende blieb nur die Lösung, die Glocken wieder zu entfernen, um die Kirche nicht zu gefährden. Für die Glocken musste ein neuer Ort gefunden werden, denn ein Verzicht kam nicht in Frage. Die Verantwortlichen entschieden sich für eine Aufhängung in einem Gerüst, das – in Ermangelung eines Turms – auf dem Boden steht. Ein seltener, wenn nicht gar einmaliger Ort für Kirchenglocken, die turmlos geworden sind. Ein Kuriosum, wenn man so will. Andererseits eine gute Gelegenheit, Kirchenglocken dieser Größe einmal aus der Nähe zu betrachten, ohne auf einen Kirchturm hinaufsteigen zu müssen. Eine kleine Glocke, Mittagsglocke genannt, befindet sich seit 1997 im Dachreiter auf dem Kirchendach. Die Frage, ob die Glocken jemals wieder in einem Glockenstuhl in einem Turm hängen werden, ist derzeit offen.

Adresse Groß-Midlumer-Ring 21, 26759 Groß Midlum | Anfahrt von Emden auf der Auricher Straße, dann auf der Landstraße nach Hinte fahren und anschließend nach Groß Midlum | Öffnungszeiten jederzeit zugänglich | Tipp In der Nähe (Im Winkel und Am Löschteich) befinden sich zwei gepflegte Gulfhöfe.

48 Der Zaubergarten

Mittelerde in Ostfriesland

In einer Schmiedestraße ist wahrscheinlich irgendwo der Standort einer alten Schmiede zu finden. Der Schmied war schließlich ein wichtiger und unverzichtbarer Beruf in einem Dorf. In Groß Midlum war das nicht anders. Bei der Hausnummer 7 wird man fündig, richtet seinen Blick jedoch gleich auf die Skulpturen, die schräg gegenüber in den Bäumen und Sträuchern stehen oder hängen. Nähert man sich weiter dem Garten, so wähnt man sich schlagartig in einer anderen Welt, denn überall zwischen Blättern und Blüten lauern kleine Kunstwerke, rostige Gebilde, die sich nicht auf den ersten Blick identifizieren lassen, oder Hölzer mit sonderbaren Formen. Dann wieder steht man in einem Obstgarten mit alten Rosenstöcken.

Unterschiedliche und keineswegs immer für einen Garten typische Sitzgelegenheiten laden dazu ein, sich noch intensiver der verwunschenen Welt zu überlassen. Immer wieder taucht die Frage auf, ob und inwieweit dieser Garten künstlich oder natürlich ist. In einer Ecke fällt dem Betrachter der Begriff Feng-Shui ein, in einer anderen der Düsterwald aus Tolkiens Roman »Der Herr der Ringe«. Einzig die Spinnen sind hier wesentlich kleiner, weshalb man ruhig sitzen bleiben kann. Und dennoch beginnen die Augen unwillkürlich nach Zwergen und Hobbits zu fahnden, die sich irgendwo zwischen den Stauden und Büschen, im hohen Gras oder hinter den Bäumen versteckt haben könnten. Selbst bei leichtem Wind stellt sich eine meditative Stimmung ein. Bricht man dann wieder auf, sucht man den Weg zurück. Dabei ist der Zaubergarten nicht riesig. Dennoch haftet ihm etwas Labyrinthartiges an. Angelegt haben diesen außergewöhnlichen Garten Ingrid Albers und ihr Mann. Es war schlicht ein Traum, den sie sich erfüllen wollten und der mit den Jahren gewachsen ist. Heute ist er eine Art Gesamtkunstwerk aus natürlichen Materialien, die hier auch verrotten und rosten dürfen.

Adresse Schmiedestraße 7, 26759 Groß Midlum | Anfahrt von Emden auf der Auricher Straße nach Norden fahren, dann links auf die Landstraße nach Hinte und anschließend nach Groß Midlum | Öffnungszeiten nur von außen zu besichtigen oder im Haus gegenüber (Schmiedestraße 7) nachfragen | Tipp In Westerhusen, dem Nachbarort von Groß Midlum, führt der Westerweg zu einer Fußgängerbrücke über das Knockster Tief zum Anglerheim.

49 Die Geele Börg

Alter Name, neues Leben

Ende des 15. und Anfang des 16. Jahrhunderts kam es zu einer Häufung von Sturmfluten an der Nordseeküste. Besonders verheerend wirkten sich die Erste und die Zweite Cosmas- und Damianflut 1477 und 1509 aus. Der Dollart und der Jadebusen wurden deutlich vergrößert. Und einige Dörfer in der Krummhörn wurden vermutlich weitgehend zerstört, darunter auch Etum und Hayenswehr. Letzteres wurde 1375 zum ersten Mal urkundlich erwähnt und gilt als Ursprung des späteren Hamswehrum. Nach den Sturmfluten wurde das Dorf wieder aufgebaut, Kirche und Burg inklusive. Der genaue Hergang konnte allerdings historisch noch nicht ermittelt werden. Somit ist Hamswehrum einer der jüngsten Orte der Krummhörn.

Die Burg trug den ungewöhnlichen Namen »Geele Börg«, also »Gelbe Burg«, wahrscheinlich weil sie einen gelben Putz oder Anstrich besaß. Im 17. Jahrhundert wurde sie zerstört und nach und nach abgetragen. Später, im frühen 19. Jahrhundert, wurde auf dem Standort der alten Burg der Gulfhof »Geele Börg« errichtet. Den Namen hat das Gebäude ebenso übernommen wie die Farbe. Die Bezeichnung »Börg« für Burg wurde in der Krummhörn nicht nur für Gebäude verwendet, bei denen es sich tatsächlich um eine Burg mit Burggraben, Zugbrücke, Turm und Zinnen gehandelt hat, sondern auch Steinhäuser und größere gemauerte Gulfhöfe wurden als Börg bezeichnet. So gibt es neben der Gelben Burg in und um Hamswehrum auch die Bohnenbörg, die Nadelbörg und die Lünenbörg. Die Bohnenbörg, auch Bohnenburg genannt, ist eine Hofstelle, auf der früher tatsächlich Bohnen angebaut wurden. Die Nadelbörg wurde einst von einem Schneider bewohnt. Insofern reicht die gelbe Farbe der Geele Börg allemal aus, um als Burg in Erscheinung zu treten. Der Gulfhof steht in einer Kurve und ist nicht nur aufgrund seiner Farbe nicht zu übersehen. Er gilt als eines der Wahrzeichen des kleinen Dorfes. Bekannt ist auch die Galerie »Malerhaus Hillen« in der Kommune-Chaussee 1a.

Adresse Hamswester Straße 18, 26736 Krummhörn | Anfahrt von Emden auf der Larrelter Straße in die Krummhörn, bis Hamswehrum fahren | Öffnungszeiten nur von außen zu besichtigen | Tipp In der Nähe befindet sich die Hamswehrumer Kirche von 1968. Der kleine Glockenturm des eingestürzten Vorgängerbaus aus dem 15. Jahrhundert konnte in die neue Kirche integriert werden.

50 Der kleine Bummert

Das doppelte Häuschen

Die kleine Warftsiedlung Hauen liegt zwischen Pilsum und Greetsiel und wurde im 16. Jahrhundert erstmals schriftlich erwähnt. Damals standen dort auch eine Burg und eine Kirche. Inzwischen hat der Zahn der Zeit jedoch dafür gesorgt, dass anstelle einer Burganlage nun mehrere gepflegte Gulfhöfe und Arbeiterhäuser die kleine Siedlung prägen.

Ganz besonders sticht der Bummert der Familie Mennenga hervor. Dabei handelt es sich um ein kleines Landarbeiterhaus, das sich neben einem der drei Gulfhöfe der Siedlung befindet. Der Bummert besteht aus zwei Haushälften und besitzt einen Schornstein in der Mitte des Gebäudes. Diese Hausform ist typisch für die Küstenregion Ostfrieslands und begegnet einem des Öfteren in den Warftdörfern der Krummhörn.

Das ehemalige Landarbeiterhaus wurde 1987 zu einem Wohnhaus mit 70 Quadratmetern Wohnfläche umgebaut und steht seitdem unter Denkmalschutz. Die geringe Fläche gibt Aufschluss darüber, wie wenig Platz die Arbeiterfamilien zum Wohnen, Essen und Schlafen hatten. Oft bekamen nicht alle Kinder der Familie einen Schlafplatz und mussten die Nacht entweder auf dem Boden oder im Stall verbringen. Ein Bauer hatte im Vergleich dazu genügend Platz auf seinem Hof für sich und seine Familie. Dieser soziale Unterschied hatte bis ins 20. Jahrhundert hinein Bestand und änderte sich erst nach dem Zweiten Weltkrieg. Ab diesem Zeitpunkt konnten die Arbeiterfamilien ihre Häuser weiter ausbauen oder ein größeres Gebäude für die gesamte Familie errichten. Inzwischen dient der Bummert in Hauen als Ferienhaus und Erholungsort für Paare und kleine Familien. In unmittelbarer Nähe befinden sich der Nationalpark Niedersächsisches Wattenmeer sowie die Leybucht. In Sichtweite steht der berühmte Pilsumer Leuchtturm. Wer also ohnehin dieser Ecke der Krummhörn einen Besuch abstatten möchte, sollte Hauen nicht übersehen.

Adresse Overt Höcht 4, 26736 Krummhörn | **Anfahrt** von Emden nach Pewsum fahren, dort der Beschilderung in Richtung Greetsiel folgen, hinter Pilsum links in die Kleinbahnstraße einbiegen | **Öffnungszeiten** von außen jederzeit zu besichtigen oder vorher anmelden unter Tel. 04931/2669 | **Tipp** Der gegenüberliegende Gulfhof befindet sich in einem geradezu phantastischen Zustand und vermittelt einen Eindruck vom Wohlstand und der Macht der Marschbauern.

51 Die Kleipütten

Paradies aus zweiter Hand

Ein absolutes Highlight für Vogelfans und ein Ausflugsziel, das besonders mit Kindern Spaß macht, ist die Vogelbeobachtungshütte bei den Hauener Kleipütten. Wer es nicht weiß: Pütten sind Wasserlöcher, die sich in unmittelbarer Nähe des Deiches befinden und manchmal auch durch den Aushub eines Deiches entstanden sind. Diese Wasserlöcher werden oftmals von unzähligen Vogelarten bevölkert, die sich über Gräser und Insekten freuen. Das Gebiet der Kleipütten ist etwa 47 Hektar groß und befindet sich zwischen Pilsum und dem Pilsumer Leuchtturm. Wer also einen Tagesausflug dorthin plant, kann sowohl einen Spaziergang durch Pilsum machen als auch dem kleinen rot-gelb gestreiften Leuchtturm einen Besuch abstatten.

Die Vogelbeobachtungshütte ist ideal vom Parkplatz des Leuchtturms aus zu erreichen. Parkt man dort, sind es nur noch ein paar hundert Meter zu Fuß. Die Hütte wurde von einer Projektgruppe der Kreisvolkshochschule Norden gebaut. Den Auftrag erteilte allerdings der Naturschutzbund (NABU). Im Sommer bietet die Hütte ein schattiges Versteck vor der Sonne, aber im Winter muss man schon mit Jacke und Schal ausgestattet sein. Am Wasserloch herrscht fast immer ein reges Treiben, das sich gut durch die Sehschlitze des kleinen Holzhauses beobachten lässt. Viele Zugvögel nutzen im Frühjahr und Herbst die Kleipütten als Raststelle. Bei der hier herrschenden enormen Vogeldichte können gute Beobachter schnell viele tierische Besucher entdecken. Bislang konnten 28 Vogelbrutarten nachgewiesen werden, darunter auch die Bartmeise, die Flussseeschwalbe, Graugänse und Silberreiher. Keine Sorge, auch Beobachter ohne besondere Vogelkenntnisse können einige Arten erkennen und unterscheiden. Die Bildtafeln an den Wänden der Hütte helfen bei der Bestimmung. Auch wenn viele Vögel sich der Hütte nähern, ist für einen wirklich guten Blick ein Fernglas sehr empfehlenswert.

Adresse Zum Pilsumer Leuchtturm, 26736 Krummhörn | Anfahrt von Emden nach Pewsum fahren, dort der Beschilderung in Richtung Greetsiel folgen, Leuchtturm ausgeschildert | Öffnungszeiten jederzeit | Tipp Im Schafweg (vom Parkplatz Pilsumer Leuchtturm aus zu erreichen) befindet sich eine weitere NABU-Vogelbeobachtungsstation.

52 Die Burg

Überlebende der Häuptlingszeit

Geradezu majestätisch erhebt sich die Wasserburg in Hinte. Das eindrucksvolle Gebäude mit dem gepflegten breiten Wassergraben ist auf jeden Fall einen Blick wert. Das muss dann leider auch reichen, denn das Gebäude befindet sich in Privatbesitz und wird bewohnt. Die Burg Hinta liegt im Ortskern von Hinte etwas versteckt neben der Kirche. Dieses historische Duo ist in dieser Form einzigartig in Ostfriesland. Wer einen Spaziergang über den Friedhof neben der Kirche macht, kann einen guten Blick auf die Burg erhaschen.

Es handelt sich bei Hinta um eine in sich geschlossene vierflügelige Burganlage. Der älteste Teil ist ein eingeschossiges Steinhaus mit einem an der Südseite erhalten gebliebenen Treppengiebel. Dieser Gebäudeteil stammt noch von der im gotischen Stil errichteten Osterburg aus dem 13. Jahrhundert. Denn die Wasserburg Hinta war nicht die erste Burg in Hinte. Es gab dort ursprünglich zwei Burgen: die Westerburg und die Osterburg. Beide waren Häuptlingsburgen, doch die Westerburg wurde 1443 von der Hanse zerstört. Da die ostfriesischen Häuptlinge die Piraterie und die Seeräuber unterstützten und damit den Schiffsverkehr der Hanse störten, ging diese mit Strafexpeditionen dagegen vor, nahm Seeräuber fest und attackierte Häuptlinge, die Seeräuber bei sich aufnahmen.

Auf den Überresten der Westerburg wurde 1438 von Häuptling Frederik Allena und seiner Frau Aild Allena die heute noch immer bestehende Wasserburg Hinta errichtet. Seit 1567 befindet sie sich im Besitz der Familie von Freese. Im 18. und 19. Jahrhundert wurde sie zu ihrer jetzigen Form ausgebaut. Da die meisten Burgen im Laufe der Zeit zerstört oder zu Schlössern aus- oder umgebaut wurden, ist Hinta die einzige vollständig erhalten gebliebene Häuptlingsburg Ostfrieslands. Sie vermittelt einen Eindruck davon, was in den anderen Dörfern der Krummhörn verloren ging. Bei einem anderen Verlauf der Geschichte würde heute in jedem Dorf eine derartige Burg stehen.

Adresse Osterhuser Straße 18, 26759 Hinte | Anfahrt von Emden auf der Auricher Straße nach Norden fahren, dann links auf die Landstraße nach Hinte | Öffnungszeiten nur von außen zu besichtigen | Tipp Ein echter Eyecatcher ist das große Taubenhaus auf dem Gelände der Burganlage.

53 Der Mühlstein

Billen, die man selten sieht

In unmittelbarer Sichtweite der Hinter Mühle befindet sich ein großer Mühlstein. Ostfriesland ist Mühlenland. Es gibt heute noch ungefähr 90 erhaltene Mühlen in der Region, die dieser Landschaft einen einzigartigen Charakter verleihen.

Früher besaß nahezu jedes ostfriesische Dorf seine eigene Mühle. Heute ist das nicht mehr der Fall. Aber inzwischen werden die übrig gebliebenen Mühlen liebevoll gepflegt und instand gehalten. Nur noch wenige gehen ihrem ursprünglichen Zweck nach: dem Mahlen von Getreide. Viele der alten Gebäude dienen jetzt als Cafés, Museen oder Einkaufsläden.

Der Mühlstein in Hinte, der offiziell »Mahlstein« heißt, soll noch an ihre ehemalige Aufgabe erinnern. Deutlich sind hier die Rillen (Billen) zu sehen, die mit einem sogenannten Billenhammer von Hand eingearbeitet wurden. Sie sind entscheidend, damit das Getreide richtig verarbeitet werden kann. Die Rillen nehmen es auf und durch die Reibung und die entstehende Fliehkraft werden die Körner nach außen transportiert, wo sie brechen, zerquetscht und gemahlen werden, um anschließend zu den Mehlbahnen zu gelangen. Das fertige Mehl wird dann in Säcke abgefüllt. Damit der Stein diesen Mahlvorgang bewerkstelligen kann, muss er diese ganz besondere Oberfläche haben. Sie gliedert sich in drei Bereiche, welche das Getreide jeweils unterschiedlich bearbeiten. Von der Steinmitte, dem »Auge«, aus wird im ersten Drittel des Steins das Getreide gerollt und gequetscht. Im zweiten Drittel wird es dann gebrochen, um im letzten Drittel ganz außen gemahlen zu werden. Um das leisten zu können, muss der Stein Luftfurchen haben, die von der Mitte aus immer flacher werden.

Auch die Mühle in Hinte hat einst auf diese Weise ihr eigenes Mehl hergestellt. Heute dient der anmutige dreistöckige Galerieholländer als gemütliche Teestube, Fremdenverkehrszentrale und Trauzimmer.

Adresse Brückstraße 11, 26759 Hinte | Anfahrt von Emden auf der Auricher Straße nach Norden fahren, dann links auf die Landstraße nach Hinte | Öffnungszeiten Infos unter Tel. 04925/990106 | Tipp Schräg gegenüber (Brückstraße 12) befindet sich die beliebte Gaststätte »Feldkamp«.

54 Das Torftief

Die alte Energie-Pipeline

Niedersachsen ist das Bundesland mit den meisten Hochmooren. Die Moore durchziehen die Landschaft, die früher teilweise nur mit Hilfe von Bohlenwegen durchquert werden konnte. Erst relativ spät, im 17. und 18. Jahrhundert, begannen die Menschen, die Moorgebiete zu erschließen. Lange Kanäle wurden gegraben, um das umliegende Land zu entwässern. So konnte man schließlich auch den Torf in den trockengelegten Gebieten abstechen.

Die Ostfriesen hatten sich die Moornutzung bei den Holländern abgeschaut und kultivierten nun das früher als unbrauchbar angesehene Land. Man nutzte den Torf als Brennstoff und verarbeitete ihn zu Torfkohle. Er wurde im Rahmen der Industrialisierung besonders von Ziegeleien verwendet. Aber auch die Bevölkerung heizte mit Torf, da er ein billiger Brennstoff war. Bald wurde überregional mit Torf gehandelt, und es entwickelte sich ein richtiger Markt. In Ostfriesland gab es zwischen den Dörfern und Städten viele Kanäle, sodass Torfschiffe das lukrative Handelsgut schnell und in großen Mengen transportieren konnten. Ganze Ortschaften entstanden an den Kanälen und wurden »Fehn« genannt. Das bedeutet so viel wie Sumpf, Moor oder auch Schlamm. Die Fehnorte stellten die Energieversorgung des gesamten Umlands sicher. Da Holz nicht zur Verfügung stand, war Torf der wichtigste Energielieferant.

Auch in der Ortschaft Hinte gab es Torfanleger. Torf wird inzwischen nicht mehr als Brennstoff verwendet, er wurde von Holz und Kohle abgelöst. Aber noch heute sind die verschiedenen Anlegestellen gut erkennbar oder sogar noch erhalten. Im Ortskern zeichnet ein Schild den sogenannten »Brügg Ort« aus. Das ist eine Fläche, die sich in der Nähe einer Brücke befindet und über eine Schiffsanlegestelle verfügt. Ein Torfanleger. Dort legten die fahrenden Händler an, es wurde verkauft, gehandelt, aber oft auch gefeiert. Feste, Gerichte und Stellenmärkte wurden hier veranstaltet. Noch heute werden in Hinte regelmäßig Wochenmärkte und Schützenfeste abgehalten.

Adresse Brückstraße 12, 26759 Hinte | Anfahrt von Emden auf der Auricher Straße nach Norden fahren, dann links auf die Landstraße nach Hinte | Öffnungszeiten jederzeit | Tipp Sehenswert ist die Kirche von Hinte aus dem 13. beziehungsweise 15. Jahrhundert.

55 Die Alte Pastorei

Versteckte Schönheit

Jennelt taucht erstmals im 8. beziehungsweise 9. Jahrhundert unter dem Namen »Geinleth« in historischen Dokumenten auf. Geinleth bedeutet »jenseits des Wasserlaufs«, wobei sich der Name wahrscheinlich auf ein heute nicht mehr existierendes Gewässer bezieht, vielleicht auch auf einen Meeresarm oder Priel. Immerhin lagen auch die Nachbardörfer Eilsum und Visquard mal am Meer. Auch der Vorläufer des alten Greetsieler Sieltiefs könnte gemeint gewesen sein. Jedenfalls hat sich aus Geinleth der aktuelle Ortsname Jennelt entwickelt.

Die Kirche stammt aus dem 13. Jahrhundert, hatte aber wahrscheinlich einen Vorgängerbau. Das Dorf selbst befand sich lange Zeit in Besitz der Häuptlingsfamilie Beninga aus Grimersum. Ende des 16. Jahrhunderts fiel das Dorf an Wilhelm zu Innhausen und Knyphausen, der ebenfalls zur weitläufigen Verwandtschaft der Beningas gehörte. Da die Häuptlinge das Lehnsrecht und die Gerichtsbarkeit besaßen, wurde Jennelt als Herrlichkeit bezeichnet. Als Ostfriesland 1744 zu Preußen kam, fiel auch die Herrlichkeit Jennelt an die neuen Machthaber. Diese machten umgehend Inventur und listeten 7 Gulfhöfe, 207 Dorfbewohner und einen Pastor samt Küster auf.

Der Pastor wohnte in der Pastorei, einem kleinen Gulfhof, erbaut um 1850. Der Weg zur Kirche war nicht weit. Während andere historische Gebäude des kleinen Dorfes verschwanden, blieb die Alte Pastorei erhalten und befindet sich heute in einem ausgezeichneten Zustand. Die einst üblichen Schiebefenster kann man ebenso bewundern wie die Baumreihe vor dem Haus in der Knyphausenstraße. Jennelt wurde übrigens aufgrund von verschiedenen Reformen 1852 dem Amt Greetsiel zugesprochen und 1859 dem Amt Emden, das 1885 in den Landkreis Emden umgewandelt wurde. Seit 1971 ist Jennelt der damals neu gegründeten Gemeinde Krummhörn zugehörig. Die Alte Pastorei hat jedenfalls alle Wandlungen und Reformen überstanden.

Adresse Knyphausenstraße 2, 26736 Krummhörn | **Anfahrt** von Emden nach Pewsum fahren, auf der Eilsumer Straße in Richtung Eilsum, vor dem Ort rechts nach Jennelt abbiegen (Uttumer Straße) | **Öffnungszeiten** nur von außen zu besichtigen | **Tipp** Die Baptistenkapelle von Jennelt (Kapellenweg 2) entstand um 1900. Sie war zuvor ein alter Pferdestall.

56 Die Gruft

Der Dreißigjährige Krieg lässt grüßen

Ende des 14. Jahrhunderts wurde in Jennelt die kleine Einraumkirche gebaut. Historiker sind sich sicher, dass ein Vorgängerbau bestanden hat, von dem bislang jedoch keine Spuren gefunden wurden. Im Zuge der Reformation wurde die Kirche umgebaut, die reichhaltigen Bilderwerke wurden entfernt, das Gestühl und die Kanzel umfassend verändert. Ende des 16. Jahrhunderts fiel das Dorf dann an Wilhelm zu Innhausen und Knyphausen.

Dessen Sohn, Dodo Freiherr von Innhausen und zu Knyphausen (1583–1636), fügte der Kirche um 1604 einen Chorraum und eine Gruft hinzu, die für Mitglieder seiner Familie gedacht war. Dodo genoss eine militärische Ausbildung und diente als Obrist und General in verschiedenen Heeren. Nach dem Beginn des Dreißigjährigen Krieges (1618–1648) schloss er sich den protestantischen Gegnern der Katholischen Liga an und nahm an mehreren Schlachten teil. Nach einem verlorenen Gefecht gegen Wallensteins Truppen geriet er 1626 in Gefangenschaft, konnte aber nach gut einem Jahr fliehen. Bei der Schlacht von Haselünne am 1. Januar 1636 war er Befehlshaber der schwedischen Truppen, die den kaiserlichen zahlenmäßig unterlegen waren. Gleich zu Beginn wurde Dodo tödlich verletzt, während seine Truppen den Sieg davontrugen. Nach seiner Einbalsamierung wurde er zunächst nach Emden, dann nach Jennelt überführt und in der von ihm eingerichteten Gruft in einem Prunksarg bestattet.

Seine Frau, Anna von Schade (1584–1644), wurde ebenfalls in der Gruft beigesetzt. Ihr Sarg ist am Stammwappen ihrer Familie zu erkennen, auf dem ein Schild und ein Helm dargestellt sind. Da sie sehr beliebt war, nahmen viele Menschen an der Trauerfeier teil. Je nach Quelle hinterließen Dodo und Anna sieben oder acht Kinder. Die Gruft sowie die Särge sind bis heute erhalten, und Schloss Lütetsburg, der Stammsitz des Adelsgeschlechts, befindet sich noch immer in Familienbesitz.

Adresse Knyphausenstraße, 26736 Krummhörn | Anfahrt von Emden nach Pewsum fahren, auf der Eilsumer Straße in Richtung Eilsum, vor dem Ort rechts nach Jennelt abbiegen (Uttumer Straße) | Öffnungszeiten im Sommer täglich 8–18 Uhr, im Winter täglich 9–17 Uhr, Führungen auf Anfrage unter Tel. 04923/7426 | Tipp Die Kirche sowie der Glockenturm lohnen einen Blick.

57 Die Alte Schule

Gelernt wird immer

Die Alte Schule von Loquard ist nicht zu übersehen, denn sie ist in einem Gulfhof untergebracht: dem Gulfhof Swyter. Der Name geht auf die Eigentümerfamilie zurück, die das Anwesen 1997 an die Gemeinde Krummhörn verkaufte. Die Sanierung erfolgte nach dem Konzept, den Gulfhof einer neuen Nutzung zuzuführen und gleichzeitig das Gebäude in seiner historischen Form zu erhalten. Fenster und Stalltüren, Stapelwerk und Scheunentor wurden nicht verändert. Der Swyterhof sieht auf den ersten Blick immer noch aus wie der ursprüngliche Gulfhof, beherbergt aber eine Schule mit Klassenräumen und anderen Einrichtungen. Während viele Gulfhöfe aus den Ortsbildern der Krummhörn verschwunden sind, gab es hier nur eine Nutzungsänderung.

Eine solche hat auch die ehemalige Schule von Loquard erfahren, die 1852 gebaut wurde. Steht man davor, befindet sich das alte Unterrichtsgebäude auf der rechten Seite, bei dem Haus auf der linken Seite handelt es sich um die damalige Lehrerwohnung. Sie stammt aus dem Jahr 1867. Ursprünglich besaß die Lehrerwohnung auch einen Stall, denn die Pädagogen waren – wie man heute sagen würde – Nebenerwerbslandwirte. Auch verfügte die Schule über feste Plätze in der Kirche, da christliche Inhalte wie das Glaubensbekenntnis oder die Zehn Gebote ganz oben auf dem Lehrplan standen. Der Klassenraum bot Platz für etwa 20 Schüler, geheizt wurde, wie allgemein üblich, mit Torf.

Bis zur allgemeinen Schulpflicht und zum Bau von Schulen auf dem flachen Land war es ein weiter Weg. Geebnet wurde er durch die Reformation und ein sich wandelndes Menschenbild. Gräfin Anna von Ostfriesland (1501–1575) ordnete 1545 erstmals eine allgemeine Schulpflicht an, ohne sie durchsetzen zu können. Selbst um 1850 besuchten maximal 70 Prozent der Kinder in Ostfriesland eine Schule. Die Alte Schule von Loquard und die Lehrerwohnung befinden sich heute in Privatbesitz.

Adresse Kirchringstraße 2, 26736 Krummhörn | **Anfahrt** von Emden auf der Larrelter Straße in die Krummhörn, bis nach Loquard fahren | **Öffnungszeiten** nur von außen zu besichtigen | **Tipp** Die »Alte Pastorei« (Victor-Freese-Straße 10) von 1756 ist sehenswert.

58 Der Glockenturm

Euphemismus aus Backstein

Wer durch die Krummhörn fährt, bemerkt schnell, dass hier Dörfer auf Warften errichtet wurden. Eine Gemeinsamkeit dieser Ortschaften ist der frei stehende Glockenturm der Kirchen. Beides sind keineswegs getrennte Phänomene, denn der vom Hauptgebäude separierte Glockenturm ist eine Folge des Kirchenbaus auf der Warft.

Die mühsam aufgeschütteten Erdhügel eigneten sich nur bedingt als Fundamente der großen und schweren Kirchen. Im 14. oder 15. Jahrhundert waren die Baumeister noch nicht in der Lage, den Boden ausreichend zu verdichten. Sie entschieden sich daher für eine Verteilung des Gewichts und trennten Kirche und Turm. Sollte ein Bauwerk nachgeben, konnte mit etwas Glück das andere gerettet werden. Außerdem verzichtete man in der Krummhörn auf große Glockentürme, sondern setzte auf kleine Türme mit großer Grundfläche. Oft genug überragte die Kirche den Turm, was tradierten Vorstellungen bis heute eindeutig widerspricht. Auf diese Weise prägte die Warft den Baustil der Kirchen, indem sie die Möglichkeiten der Baumeister stark einschränkte. Und dennoch stürzten immer mal wieder Kirchen oder Türme ein, erst recht nach Sturmfluten, die den Grundwasserspiegel zeitweise veränderten.

Sieht man sich die Krummhörner Kirchen an, so sind lotgerade Mauern die Ausnahme. Wer jetzt an den Fähigkeiten der alten Baumeister zweifelt, liegt falsch. Ein gutes Beispiel sind die Kirche und der Glockenturm von Loquard, beide Ende des 13. Jahrhunderts errichtet, jedoch den Kräften des Untergrunds ausgeliefert. Der dreiachsige Turm bemüht sich immer noch darum, sein Gewicht und das der Glocken auf eine große Fläche zu verteilen. Schief ist er mittlerweile dennoch. Das gilt auch für die ebenfalls im gotischen Stil erbaute Saalkirche. Deren Abschluss bildet ein großes Satteldach. Typisch für die Krummhörn sind auch die großen, spitz zulaufenden Rundbogenfenster.

Adresse Kirchringstraße 1, 26736 Krummhörn | Anfahrt von Emden auf der Larrelter Straße in die Krummhörn, bis nach Loquard fahren | Öffnungszeiten siehe Aushang | Tipp Sehenswert ist die Alte Post aus dem frühen 18. Jahrhundert (An der Landstraße 8).

59 Der Muschelweg

Auf Jakobs Spuren

Die Loquarder Kirche stammt aus der zweiten Hälfte des 13. Jahrhunderts und ist eine romanische Einraumkirche. Im Laufe der Geschichte wurde sie mehrmals umgebaut, die Eingänge wurden verändert, das Hagioskop wurde zugemauert. Im Zuge der Reformation fanden vor allem im Innenbereich Veränderungen statt.

Ein wichtiges Baumaterial im späten Mittelalter und in der Frühen Neuzeit war der Muschelkalkmörtel, der natürlich an der Küste reichlich verfügbar war. Auch heute gibt es Hersteller dieses zementfreien Mörtels, der bei der Restauration alter Gebäude benötigt wird. Die Steine waren in der Regel vor Ort gebrannte Ziegelsteine, deren Rohmaterial ebenfalls von der Küste stammte.

Wer der Kirche von Loquard einen Besuch abstattet und das Mauerwerk umrundet, stößt auf Muscheln, die er mit Füßen tritt. Denn die Wege sind nicht gepflastert, sondern bestehen aus Muschelschalen. Diese wiederum kommen von der nur wenige Kilometer entfernten Nordseeküste. Dort häuft die Nordsee aufgrund von Strömungen vor allem Schalen von Herzmuscheln an. Die dabei entstehenden riesigen Muschel- oder Schillbänke waren früher ein wichtiges Rohstofflager. Die Menschen fuhren einfach mit ihren Pferdewagen zu den Bänken und schaufelten die Muscheln auf die Wagen. Heute stehen diese Bänke unter Naturschutz, denn sie sind Teil des Ökosystems Wattenmeer.

Die Muschel passt natürlich zur Kirche, denn sie gilt als christliches Symbol, was wiederum der Legende von Jakobus dem Älteren zu verdanken ist. Nach seiner Hinrichtung soll er einen Ertrinkenden mit Hilfe von Muscheln gerettet haben. Es sollen allerdings Kammmuscheln gewesen sein, die deshalb auch Jakobsmuscheln genannt werden.

In der Krummhörn reicht die Herzmuschel, wie nicht nur die Kirche in Loquard zeigt. Auch bei älteren Gebäuden und Wohnhäusern kann man Muschelwege entdecken.

Adresse Kirchringstraße 1, 26736 Krummhörn | Anfahrt von Emden auf der Larrelter Straße in die Krummhörn, bis nach Loquard fahren | Öffnungszeiten jederzeit | Tipp Am Ortsrand befinden sich die gut erhaltenen Reste einer alten Wasserschöpfmühle (Zur Wassermühle 1).

60__Die Pünte

Von Ufer zu Ufer

Gerade im Frühling und Sommer ist die Krummhörn für Fahrradfahrer ideal. Die Warftendörfer können wunderbar angefahren werden, und unzählige kleine und große Sehenswürdigkeiten sind überall zu entdecken.

So auch in Loquard. Hier gibt es am Knockster Tief noch eine Pünte. Eine Pünte? Ein Tief? Der Reihe nach: Das Knockster Tief ist ein Wasserkanal, der seinen Namen von der Knock, dem Landstrich der Gegend um Emden, erhalten hat. Es ist ein sogenannter Fluter, eine wichtige Schutzmaßnahme gegen das Wasser bei eintretenden Überschwemmungen. Bei der Pünte handelt es sich um eine Art Fähre. Pünte ist lediglich der ostfriesische Ausdruck für ein kleines Schiff, welches nicht durch Motoren, sondern allein durch Muskelkraft angetrieben wird. Früher wurden Pünten oft noch von Pferden gezogen, die die Fähre vom Ufer aus durchs Wasser bewegten. Man nutzte die kleinen, flachen Schiffe, um Waren, Personen und Vieh über Kanäle und Flüsse zu transportieren. Damals waren sie ein wichtiges Hilfsmittel. Inzwischen wurden die meisten Pünten abgeschafft. Daher ist die kleine Pünte in Loquard auch ein echtes Highlight.

Wer möchte, kann mit dem Fahrrad zum Knockster Tief fahren und dort die kleine Fähre in Aktion erleben. Die Fahrräder können natürlich mitgenommen und ebenfalls ans andere Ufer gebracht werden. Mit Hilfe eines Drehrades darf man die Kette selbst bewegen und sich so eigenhändig durch das Wasser ziehen. Dies funktioniert am besten zu zweit. Allein sollten Besucher die Pünte ohnehin nicht benutzen, denn das kann durchaus gefährlich werden. 2020 wurde eine Person mit der Pünte so weit abgetrieben, dass sie nicht mehr zurück ans Ufer gelangen konnte. Zum Glück eilte die Feuerwehr sofort zur Rettung. Spätestens seit diesem Ereignis wird empfohlen, die Fähre mindestens zu zweit zu betätigen. Dann steht einem kleinen Abenteuer nichts mehr im Weg.

Adresse Bartshauser Straße, 26736 Krummhörn | **Anfahrt** von Emden auf der Larrelter Straße in die Krummhörn, bis nach Loquard fahren, vor dem Ortseingang in die Bartshauser Straße | **Öffnungszeiten** jederzeit | **Tipp** Vor der Pünte führt ein kleiner Weg (Zum Tief) zu einem außergewöhnlichen Ort, an dem sich gleich drei Tiefs treffen: das Loquarder Tief, das Knockster Tief und das Larrelter Tief.

61 Die Rosenburg

Mit Blumen und viel Phantasie

Etwa 14 Kilometer von Emden entfernt befindet sich zwischen Rysum und Campen das kleine Dorf Loquard. Es wurde im 10. Jahrhundert unter dem Namen »Lacuurð« erstmals urkundlich erwähnt. Die Bezeichnungen änderten sich im Laufe der Zeit von »Lachwerth« (1385) bis »Loquerd« (1417). Die heutige Schreibung ist schließlich seit 1465 belegt. Bis heute heißt die kleine Ortschaft im Plattdeutschen einfach nur Lokert. Sie ist bereits seit etwa 2.000 Jahren bekannt und dank ihrer kleinen gepflasterten Wege und der liebevoll gepflegten Gärten und Häuser ein absolutes Highlight in der Krummhörn. Eine Burg hat Loquard allerdings nicht zu bieten. Jedenfalls nicht ganz. Stattdessen erwartet die Besucherinnen und Besucher ein Garten der besonderen Art. Mitten im Zentrum neben der Kirche liegt auf einer kleinen Insel mit Wassergraben die »Rosenburg«, auch der »Runde Garten« genannt.

Die Geschichte dahinter beginnt mit einem Häuptling. Denn der Garten auf der kleinen Insel markiert die Stelle einer ehemaligen Häuptlingsburg. Häuptling Brunger I. ließ sie dort im 14. Jahrhundert errichten. Später gehörte die Burg seinem Sohn Sibrand I. von Loquard. Das unter dem Namen Lyowertsnaborch bekannte Bauwerk wurde bereits 1400 durch die Hanse im Kampf gegen die Vitalienbrüder vollkommen zerstört. Bis heute ist von der einstigen Burganlage lediglich der Ringgraben mit einem Durchmesser von fast 30 Metern erhalten geblieben. Allerdings gestaltete man den Umriss des Burggebäudes mit etlichen Sträuchern und Rosengewächsen. So kann man die etwa zehn mal zehn Meter große Fläche deutlich erkennen und bekommt zudem einen Eindruck von Größe und Ausrichtung der Loquarder Burg. Besonders einladend sind die kleinen Burgbänke. Wenn man sich auf ihnen niederlässt, kann man direkt auf die ehemalige Burganlage blicken und von historischen Zeiten träumen.

Adresse Am Runden Graben, 26736 Krummhörn | Anfahrt von Emden auf der Larrelter Straße in die Krummhörn, bis nach Loquard fahren | Öffnungszeiten jederzeit | Tipp Am Runden Graben 11 befindet sich ein kleiner Gulfhof von 1870.

62 Die Teebüss

Ein Kleinod voller Lust

Fährt man von Loquard nach Campen, passiert man am Ortsausgang auf der rechten Seite ein kleines, unscheinbares Wäldchen. Ebenso unauffällig ist das Gebäude, das sich in dem Wäldchen zu verstecken scheint. Ein verwunschener Ort. Doch das war er nicht immer.

Das Wäldchen war einst ein Obstgarten – ja sogar ein Kaffeegarten, in dem man sitzen konnte. Das Zentrum bildete ein runder Pavillon mit offenen Nischen, die bei schlechtem Wetter Schutz vor Regen boten. Bei dem Pavillon handelt es sich um das Gartenhaus im Liebenhain, von den Loquardern liebevoll »Teebüss« genannt, da die Ähnlichkeit mit einer ostfriesischen Teedose aus Blech nicht zu übersehen ist. Erbaut wurde es 1819 als Lusthaus, und als solches musste es nun einmal in einer Parkanlage stehen. Die Tradition stammt eigentlich aus der Renaissance und dem Barock, doch auch danach wurden noch Lusthäuser errichtet. Ursprünglich waren sie Teil der höfischen Kultur und dienten der Unterhaltung, Tanzveranstaltungen und höfisches Theater inklusive. Später hat sich auch die bürgerliche Kultur diese Tradition angeeignet. Viele Lusthäuser sind Rundbauten, es gibt jedoch auch andere Formen.

Das Loquarder Lusthaus taucht erstmals 1824 in einem Dokument auf und wird als »Lusthaus von tempelähnlicher Bauart, worin Gastwirtschaft betrieben wird, mit einer englischen Gartenanlage« beschrieben. Damals hieß es noch »Liebenheim« und nicht Liebenhain. Die neue Schreibweise tauchte erst 1842 auf. Jedenfalls wurde die Teebüss lange Zeit wohl tatsächlich als Lusthaus betrieben, als außergewöhnliches Gasthaus, das in einem Park lag. Wer sich damals darin entspannt und vergnügt hat, lässt sich heute nicht mehr ermitteln. Doch Landarbeiter dürften es wohl kaum gewesen sein. Somit kommen nur die ebenso reichen wie mächtigen Bauern in Frage, die sich dort wahrscheinlich ein wenig wie Adelige fühlen wollten.

Adresse An der Landstraße 23, 26736 Krummhörn | Anfahrt von Emden auf der Larrelter Straße in die Krummhörn und bis nach Loquard fahren | Öffnungszeiten nur von außen zu besichtigen | Tipp In der Nähe (An der Landstraße 11a) befindet sich der Mühlenstumpf der 1898 erbauten Loquarder Windmühle, einem dreistöckigen Galerieholländer.

63 Das Bronzemodell

Heavy metal history

Die Gelegenheit, einen Blick in die Vergangenheit zu werfen, lässt sich kaum jemand entgehen. Dazu bieten sich vor allem Stiche, Fotos und Filme an. Eine andere und dazu noch wetterfeste Möglichkeit ist ein Bronzemodell. Ein ausgesprochen gelungenes Exemplar findet man in Manslagt, geschaffen von dem ortsansässigen Künstler Günter Drehmel (1926–2011) in den Jahren 1998 bis 2000. Finanziert wurde das Bronzemodell, wie auf einer Plakette nachzulesen ist, aus Spenden.

Das Modell vor der Kirche zeigt das Dorf um 1950, also fünf Jahre nach dem Ende des Zweiten Weltkriegs. Das Wirtschaftswunder hat seine Dynamik noch nicht wirklich entwickelt, die Industrialisierung hat das Dorf ohnehin bislang verschont. Das gilt auch für den Tourismus, der ja nicht ohne Grund als »weiße Industrie« bezeichnet wird. Noch ist Manslagt ein intaktes, landwirtschaftlich geprägtes Warftendorf, in dem neben Bauern und Landarbeitern vor allem Handwerker wie Bäcker, Schmiede und Maurer leben. Die Gulfhöfe wurden am Rand der Warft errichtet, wobei die Gulfscheunen nach außen gerichtet waren. In der Mitte steht die Kirche, die um 1400 erbaut wurde. Was auf dem Modell nicht zu sehen ist, sind die 191 Flüchtlinge, die 1950 verzeichnet wurden und die ein gutes Viertel der Bewohner ausmachten. Sie blieben natürlich nicht alle, sondern wurden nach und nach auf andere Orte verteilt. Entsprechend hoch war 1950 auch die Zahl der in der kleinen Volksschule unterrichteten Kinder. Gleich 112 Schüler mussten in zwei Klassenräumen Platz finden. Unterrichtet wurde jahrgangsübergreifend und von zwei Lehrern. Das neue, später errichtete Schulgebäude ist noch nicht auf dem Modell zu finden.

Natürlich lädt ein derartiges Modell zum Vergleich ein. Dieses Angebot ist ja das wichtigste Motiv für den Bau gewesen. Ein Rundgang zeigt, wie sehr sich das Dorf in mehr als 70 Jahren verändert hat – aber auch, was erhalten geblieben ist.

Adresse Zur alten Manslagter Schmiede/Am Friedhof, 26736 Krummhörn | Anfahrt von Emden nach Pewsum fahren, dort der Beschilderung in Richtung Greetsiel folgen und bis nach Manslagt | Öffnungszeiten jederzeit | Tipp In unmittelbarer Nähe liegt ein Gulfhof, dessen Kern aus dem frühen 18. Jahrhundert stammt (An der Alten Burg 2).

64 Der Efeustock

Immergrünes Quadrat

Gewöhnlicher Efeu. Klingt nicht nur gewöhnlich, ist auch so. Denn die Pflanze mit dem botanischen Namen *Hedera helix* ist die bekannteste Art der Gattung Efeu in Europa und fast überall anzutreffen. Entstanden ist der Efeu vor rund 66 Millionen Jahren, in der Zeit, in der die Dinosaurier ausstarben. Er wuchs also schon lange an Bäumen und Felswänden, bevor wir Menschen ihm auch Hauswände zur Verfügung stellen konnten. Dieses Angebot hat der Efeu offensichtlich sehr begrüßt, denn Mauern bieten ihm in jeder menschlichen Siedlung die Möglichkeit, zu wachsen und sich auszubreiten. Ein klarer evolutionärer Vorteil.

Auch für den Menschen gibt es Vorteile, vor allem den der biologischen Wärmedämmung, für die Efeu heute gern eingesetzt wird. Er sorgt nicht nur dafür, dass sich die Wände im Sommer nicht so stark aufheizen, er bildet auch im Winter eine isolierende Luftschicht unter seinen Blättern. Denn Efeu ist – im Gegensatz zu Wildem Wein – eine immergrüne Pflanze. Ein weiterer Erfolgsfaktor sind seine dekorativen Eigenschaften, denn selbst die hässlichsten Fassaden werden durch den Bewuchs mit Efeu ansehnlicher. Ganz zu schweigen von ohnehin schon schönen Fassaden. In jedem Fall stellt der Efeu eine ästhetische Bereicherung dar.

Besonders beeindruckend sind die pflanzlichen Fassadenkletterer natürlich, wenn sie fachmännisch gepflegt und geschnitten werden. Und das ist in Manslagt in der Meestereistraße 16 zu sehen. Der Stamm ist bereits verholzt und zu einem Strauch geworden, die Pflanze ist also schon älteren Datums. Der Durchmesser eines Efeustamms kann bis zu 30 Zentimeter erreichen. Das ist hier noch nicht der Fall. Das Blattwerk ist perfekt geschnitten und bildet ein Quadrat, das genau zu den Proportionen des Hauses passt. Das immerwährende Grün bildet außerdem zusammen mit dem Rot der Ziegel und dem Weiß der Fenster eine ästhetische Einheit und ein in Ostfriesland seltenes Fotoobjekt.

Adresse Meestereistraße 16, 26736 Krummhörn | Anfahrt von Emden nach Pewsum fahren, dort der Beschilderung in Richtung Greetsiel folgen und weiter bis Manslagt | Öffnungszeiten jederzeit | Tipp In der Nähe (Lange Straße 1) befindet sich ein Steinhaus aus dem 16. Jahrhundert, zwar renoviert, aber immer noch erkennbar.

65 Der Fething

Tränken, trinken und löschen

Auf Halligen und Warften stößt man immer wieder auf Teiche. Zumeist befinden sie sich an der höchsten Stelle der Warft. Es kann natürlich sein, dass es sich dabei, zumindest in der Marsch, um den Rest einer Graft handelt. Der Teich wäre dann also ein Überbleibsel eines alten Burggrabens, während die Burg nicht mehr existiert. Das Wort Graft ist übrigens mit dem niederländischen Wort *gracht* verwandt.

In den meisten Fällen wurden diese Teiche aber aus ganz anderen Gründen angelegt, nämlich als Regenwasserspeicher. Meerwasser gab es zwar rund um eine Warft in der Regel genug, aber dieses war für Mensch und Tier natürlich ungenießbar. Wie also kam man hier an Trinkwasser? Da das Meerwasser ins Grundwasser eindrang, waren Brunnen in vielen Fällen keine Alternative. Auch sie förderten nur Salzwasser. Es blieb nur die Möglichkeit, Regenwasser aufzufangen. Doch wo sollte man es sammeln? Unterirdische Zisternen schieden aus. Es kamen daher nur künstlich angelegte Teiche in Frage. Oft wurden gleich mehrere solcher Teiche angelegt, zumal die Wasserqualität unterschiedlich war. Oberflächenwasser war oft nur für Tiere trinkbar. Für die Menschen musste Wasser gesammelt werden, das von den Hausdächern stammte. Über viele Jahrhunderte wurde so die Wasserversorgung auf den Warften sichergestellt. Die Fethinge – so heißen diese Teiche – erfüllten im Falle eines Brandes noch eine weitere Funktion, nämlich die des Löschteichs. Mit Eimerketten wurde dann versucht, dem Feuer zu Leibe zu rücken. Oft genug dienten Graften als Fethinge und Löschteiche. So wahrscheinlich auch in Manslagt.

Manslagt lag übrigens an der Bucht von Sielmönken, die im 10. Jahrhundert fast bis nach Hinte reichte. Auch andere Dörfer der Krummhörn, etwa Visquard, Jennelt, Uttum, Groothusen oder Pewsum, befanden sich an dieser Bucht. Noch größer war damals allerdings die Leybucht.

Adresse Am Friedhof, 26736 Krummhörn | Anfahrt von Emden nach Pewsum fahren, dort der Beschilderung in Richtung Greetsiel folgen und weiter nach Manslagt | Öffnungszeiten jederzeit | Tipp Sehenswert sind die Kirche und der Kirchturm aus dem 13. Jahrhundert.

66 Die Salzwiesen

Neuland unter Naturschutz

Der sogenannte »Manslagter Nacken« ist ein Salzwiesengebiet. Er gehört zum Nationalpark Niedersächsisches Wattenmeer und verrät viel über das Leben von Pflanzen und Tieren im salzigen Grenzbereich zwischen Meer und Land. Bis zum Ende der 80er Jahre wurden die meisten Salzwiesen landwirtschaftlich genutzt. Schafe wurden hier besonders gern gehalten, und diese fraßen sich an den unterschiedlichen Gräsern satt. Heute wird fast die Hälfte der Salzwiesen der schleswig-holsteinischen Nordseeküste nicht mehr beweidet.

Die Salzwiesen bestehen aus unterschiedlichen Zonen, die durch Bewuchs und Tierarten charakterisiert sind. Bis zur sogenannten Flutlinie wachsen nur zwei Arten von Pflanzen: Queller und Schlickgras. Alles andere kann in diesem ständig von Meerwasser überfluteten Gebiet nicht gedeihen. Queller ist ein Küstengemüse, das oft zu Fisch und Lammfleisch gegessen wird. Die auch »Meeresspargel« genannte Pflanze schmeckt recht salzig, was an ihrer Überlebensstrategie liegt: Damit sie aus dem salzigen Schlick Wasser aufnehmen kann, muss sie einiges an Saugkraft aufbringen. Das schafft sie, indem sie Salz und andere Ionen in ihrem Zellsaft anreichert. Erst oberhalb der Flutlinie wachsen auch andere Pflanzen. Weitere salztolerante Arten sind beispielsweise Strandaster und Strandflieder. In die Rotschwingelzone gelangt das Salzwasser nur noch selten, was man an der Zunahme der Artenvielfalt deutlich erkennen kann.

Viele Vogelarten brauchen die Salzwiesen zum Fressen und Brüten, aber auch etliche andere Tierarten bevölkern diesen exotischen Lebensraum, darunter Insekten, Spinnen, Krebse, Schnecken und Fadenwürmer. Die Salzwiesen des Nationalparks Wattenmeer sind ganzjährig nur in wenigen Bereichen zugänglich. Aber es gibt speziell markierte Wege und geführte Wattwanderungen, die Gelegenheit bieten, diese einzigartigen Ökosysteme zu erkunden.

Adresse Rottevallsweg, 26736 Krummhörn, www.nationalpark-wattenmeer.de | Anfahrt von Emden nach Pewsum fahren, dort der Beschilderung in Richtung Greetsiel folgen und links in den Rottevallsweg einbiegen | Öffnungszeiten Bitte unbedingt die Regeln des Nationalparks Niedersächsisches Wattenmeer beachten! | Tipp Einen besonders schönen Gulfhof aus dem 19. Jahrhundert findet man an der Adresse Zwischen den Höfen 2.

67 Die archimedische Schraube

Wasser aus der Marsch

In Pewsum lohnt ein Besuch des Handwerks- und Mühlenmuseums. Im Zentrum steht ein dreistöckiger Galerieholländer mit angebauter Gulfscheune. Die Mühle ist bereits die dritte an dieser Stelle, erbaut wurde sie 1842/43. Das Museum gibt einen umfassenden Einblick in die Geschichte des Müllerhandwerks im Besonderen und des ländlichen Handwerks im Allgemeinen. Es ist vor allem ein Technikmuseum, das sich alten Verfahren, Werkzeugen und Maschinen verschrieben hat.

Der Laie denkt bei einer Windmühle zunächst einmal an das Mahlen von Getreide. Doch nur wenigen ist bekannt, dass Windmühlen für rund 60 verschiedene Techniken eingesetzt wurden. So gibt es etwa Sägemühlen, Papiermühlen, Knochenmühlen, Pulvermühlen, Farbholzmühlen, Dreschmühlen, Gewürzmühlen, Holzmehlmühlen, Schillmühlen, Kalk- und Gipsmühlen, Ölmühlen, Walkmühlen, Lohmühlen und Blankschmieden. Eine mehr oder weniger vergessene Anwendung war für die Krummhörn von besonderer Bedeutung: die Entwässerung mit Hilfe von Wasserschöpfmühlen, auch Poldermühlen genannt.

Um das Jahr 1880 waren noch 130 dieser Mühlen damit beschäftigt, Wasser aus Binnenmeeren oder überfluteten Gebieten zu pumpen. Bei einer Wasserschöpfmühle treiben die Flügel kein Mahlwerk an, sondern eine archimedische Schraube. Eine solche Schraube liegt unmittelbar vor dem Mühlenmuseum, eine weitere ist im Inneren zu besichtigen. Die windgetriebenen Schöpfmühlen selbst sind längst verschwunden, sieht man vom Flutter in Wirdum und der Wasserschöpfmühle von Loquard ab. Der griechische Ingenieur und Mathematiker Archimedes (287–212 vor Christus) hat übrigens die nach ihm benannte Schraube nicht erfunden, es gab sie bereits vor seiner Zeit.

Adresse Manningastraße 13–14, 26736 Krummhörn | Anfahrt von Emden nach Pewsum fahren | Öffnungszeiten immer zugänglich | Tipp In der Burgstraße 6 befindet sich das Eiscafé da Carmelo.

68 Der Brunnen

Wasser hinter Gittern

Bevor in Pewsum eine Warft aufgeschüttet wurde, gab es bereits eine Siedlung. Die Überschwemmungen durch die Nordsee müssen sich hier also in ertragbaren Grenzen gehalten haben. Erst im späten Mittelalter entstanden in Pewsum Warften, und zwar gleich vier an der Zahl. Die höchste von ihnen, auf der die Kirche errichtet wurde, liegt 4,60 Meter über dem Meeresspiegel. Wie bei Bodenuntersuchungen festgestellt wurde, wurden Kleiboden und Sand gemischt. Mist von Rindern, Schafen oder Pferden, wie bei anderen und älteren Warften, wurde nicht gefunden.

Die Manningaburg wurde im 15. Jahrhundert von einem (noch) unbekannten Häuptling aus der Manninga-Familie gebaut und später immer wieder verändert. Umgeben ist sie von einer breiten Graft, die auch als Wasserspeicher diente. Und dennoch befindet sich im Hof der noch erhaltenen Vorburg ein Brunnen. Eine seltene Einrichtung in der Krummhörn. Denn wegen der vielen Überflutungen und der tief ins Binnenland reichenden Bucht von Sielmönken und der Leybucht drang immer wieder Meerwasser ins Grundwasser der Gegend ein und verwandelte es in Brackwasser. Auf den Warften wurden daher Fethinge angelegt: Teiche, in denen Regenwasser gesammelt wurde.

Die Häuptlinge haben hier jedoch auch einen Brunnen graben lassen. Da der Boden aus Klei und Sand besteht, war diese seltene Art der Wasserversorgung möglich. Offensichtlich ist das Meerwasser nicht bis zu diesem Brunnen vorgedrungen. So war man in unsicheren Zeiten unabhängig von anderen Wasserquellen. Ob auch andere Häuptlingsburgen in der Krummhörn über Brunnen verfügten, ist schwer zu ermitteln, da die meisten von ihnen schon lange nicht mehr existieren. Nicht einmal die genaue Lage ist bei allen Burgen bekannt. Insofern sollte man den Brunnen der Manningaburg nicht übersehen, auch wenn unbekannt ist, inwieweit er tatsächlich genutzt wurde.

Adresse Drostenplatz 5, 26736 Krummhörn | Anfahrt von Emden nach Pewsum fahren | Öffnungszeiten jederzeit | Tipp Das Kriegerdenkmal (Schatthausstraße/Manningastraße) für die Gefallenen von 1870/71 trägt den Beinamen »Hermannsdenkmal«, da der bekannte Künstler Hermann Schauten (1905–1974) es mit seinem Auto einmal versehentlich gerammt hat.

69 Der Burggraben

Schöner Schutz

Die Manningaburg ist natürlich ein Muss für jeden, der die Krummhörn erkundet. Ein wesentlicher Grund besteht darin, dass diese Burg überhaupt noch vorhanden ist. Die meisten anderen Burgen in Krummhörner Dörfern haben die Zeit nicht überdauert. Greetsiel oder Grimersum, Uttum oder Manslagt – die dortigen Häuptlingsburgen sind längst verschwunden. Nicht alle wurden von den Hamburgern zerstört, die damit Klaus Störtebeker und anderen Seeräubern die Zufluchtsorte nehmen wollten. Ein Teil der Anlagen verfiel, wie beispielsweise die Burg von Grimersum. Von einigen Burgen, etwa der von Manslagt, fehlt jede archäologische Spur. Nicht einmal der Standort ist heute bekannt.

Nicht so in Pewsum: Die dortige Burg hat den Wandel der Zeit dank vieler glücklicher Umstände unversehrt überstanden. So scheint es zumindest, wenn man als Besucher den eindrucksvollen Burggraben umrundet. Doch der Schein trügt, denn nur die Unterburg ist erhalten geblieben. Die Oberburg, eher ein Schloss, wurde im 18. Jahrhundert abgerissen. Auch die Vorburg existiert nicht mehr. Die gesamte Anlage war also wesentlich größer als die heutige Burg, die fälschlicherweise oft als eigentliche und komplette Burganlage angesehen wird. Zu dieser Annahme verführt vor allem der breite Burggraben.

Die Oberburg wurde 1716 abgerissen, da sie baufällig geworden war. Auch der Unterburg drohte dieses Schicksal. Kein Geringerer als Friedrich der Große (1712–1786), König von Preußen, wollte die Burg abreißen lassen. Die Gebote für die Burg waren allerdings derart niedrig, dass er sie am Ende doch stehen ließ. Das Gebäude diente dann unter anderem als Kinderheim, unter den Nationalsozialisten war die Burg Gauführerschule und Lazarett. Nach dem Zweiten Weltkrieg konnte die Burg mit Hilfe von kommunalen Mitteln gerettet werden, heute ist sie der Öffentlichkeit zugänglich.

Adresse Drostenplatz 5, 26736 Krummhörn | Anfahrt von Emden nach Pewsum fahren | Öffnungszeiten jederzeit | Tipp In der Nähe befindet sich die Nikolai-Kirche aus dem 14./15. Jahrhundert.

70 Das Geburtshaus

Von Frau zu Frau

Man kann nicht umhin, hier stehen zu bleiben und das große Anwesen zu betrachten, das sich direkt gegenüber der Burg in Pewsum befindet. Es ist das Geburtshaus einer bemerkenswerten Frau, an die noch heute mit einer Gedenktafel vor dem Haus erinnert wird. Hermine Egberta Heusler-Edenhuizen (1872–1955) wurde am 16. März 1872 auf der Neuen Burg in Pewsum geboren. Sie war die erste offiziell anerkannte und niedergelassene Frauenärztin in Deutschland.

Ihre Ausbildung hat sich die ehrgeizige Frau zu jener Zeit hart erkämpft. Nur durch eine Ausnahmegenehmigung und mit Erlaubnis der Dozenten durfte sie an Universitäten in Zürich, Halle und Bonn studieren. Ab 1911 arbeitete Dr. Hermine Heusler-Edenhuizen schließlich offiziell als erste niedergelassene Fachärztin für Frauenkrankheiten und Geburtshilfe in Berlin. Ein Jahr später heiratete sie Otto Heusler. Diese Heirat galt jedoch als öffentlicher Skandal, denn Heusler hatte sich wegen der Liebe zu Hermine von seiner damaligen Frau scheiden lassen. Doch damit nicht genug: Er ließ bei der Heirat einen besonderen Ehevertrag zugunsten seiner neuen Frau aufsetzen. Der Vertrag ermöglichte, dass die Verfügungsgewalt über Hermines Vermögen und die Entscheidungsgewalt über ihre Berufstätigkeit nicht auf ihn übergingen. So konnte Hermine weiterhin ein selbstbestimmtes (Berufs-)Leben an der Seite ihres Ehemannes führen.

Die engagierte Ärztin war außerdem auch Frauenrechtlerin und erste Vorsitzende des »Bundes Deutscher Ärztinnen«. Sie setzte sich dabei vor allem für die Abschaffung des Abtreibungsparagrafen 218 ein. Pewsum ist als »Frauenort« eng mit dem Namen Hermine Heusler-Edenhuizen verbunden und erinnert durch Ausstellungen und Führungen immer wieder an die außergewöhnliche Lebensgeschichte dieser Frau. Auch das Pewsumer Familienzentrum trägt den Namen der ersten deutschen Frauenärztin.

Adresse Drostenplatz 3, 26736 Krummhörn | Anfahrt von Emden nach Pewsum fahren | Öffnungszeiten nur von außen zu besichtigen, weitere Infos unter www.frauenorte-niedersachsen.de | Tipp In der Jannes-Ohling-Straße 8 befindet sich eine sehenswerte Villa aus dem späten 19. Jahrhundert.

71 Die Kapelle

Orientierung in der Diaspora

Die Reformation im 16. Jahrhundert hatte auch Folgen für Ostfriesland, das nun evangelisch wurde. Heute gehören rund drei Viertel der ostfriesischen Bevölkerung der lutherischen oder der evangelisch-reformierten Kirche an. Anhänger der römisch-katholischen Kirche waren jahrhundertelang eine Seltenheit. Das änderte sich nach dem Ende des Zweiten Weltkriegs, denn nun kamen fast 39.000 Flüchtlinge nach Ostfriesland. Viele von ihnen stammten aus dem stark katholisch geprägten Schlesien.

In der Krummhörn gab es keine katholische Gemeinde, keine katholische Kirche. Die Gläubigen trafen sich daher im Gasthaus »Kalms« in Pewsum. Dort wurde 1946 ein provisorischer Kirchenraum eingerichtet. Zwei Jahre später konnte eine Flüchtlingsbaracke in der Woltzetener Straße zur Kirche umfunktioniert werden. Um 1955 schlug die Diözese Osnabrück gemeinsam mit dem Bonifatiuswerk vor, an verschiedenen Orten in Ostfriesland Kirchen zu errichten, um die provisorischen Zustände zu beenden. Auch Pewsum wurde als Ort eines Neubaus ins Auge gefasst. Allein die Größe des Dorfes und seine zentrale Lage in der Krummhörn sprachen dafür.

Das Grundstück war schnell gefunden, denn es lag genau vor der Baracke. Schwieriger war die Beschaffung des Geldes, da die Flüchtlinge über keine nennenswerten Mittel verfügten. Dank zahlreicher Spenden konnte die benötigte Summe schließlich aufgebracht werden. Geweiht wurde die Kapelle am 1. Februar 1959 durch Domkapitular Gerds. Ihren Namen verdankt sie der heiligen Hedwig von Andechs (1174–1243), auch bekannt als Hedwig von Schlesien. Ein Bildnis der Heiligen ist auch in der Kapelle zu finden, die von der Pfarrei Christ König in Emden betreut wird. Nach der touristischen Erschließung der Krummhörn in den 1970er Jahren nutzten auch viele Urlaubsgäste das Angebot, hier an einer Messe teilzunehmen. In jüngster Zeit und nach der Coronapandemie ist die Zukunft der St.-Hedwigs-Kapelle allerdings ungewiss.

Adresse Woltzetener Straße 21, 26736 Krummhörn | Anfahrt von Emden nach Pewsum fahren | Öffnungszeiten Aushang beachten | Tipp Am Ende der Enno-Hektor-Straße kann man das Pewsumer Tief auf einer Fußgängerbrücke überqueren.

72 Die Kleinbahnlok

Ein guter Zug

Am Ortseingang von Pewsum steht unübersehbar eine rote Lok. Sie wurde 2005 als Gedenk-Lokomotive für die ehemalige Kreisbahn Emden – Pewsum – Greetsiel aufgestellt. Sie befindet sich an der ehemaligen Trasse der Bahn und kann dort besucht werden. Oft sieht man hier Familien mit Kindern, die sich auf der Wiese tummeln.

Die eigentliche Kleinbahn wurde am 27. Juli 1899 in Betrieb genommen und diente dem Personen- und Güterverkehr. Die Strecke begann im Emder Kreisbahnhof, der in der Nähe des heutigen Emder Hauptbahnhofs lag. Zunächst fuhr die Kleinbahn, die im Volksmund liebevoll »Jan Klein« genannt wurde, nur von Emden nach Pewsum. Erst 1906 wurde die Strecke bis nach Greetsiel verlängert. Man fuhr dabei durch die Krummhörner Landschaft über die Dörfer Hinte und Pewsum bis nach Greetsiel. Die Kleinbahn, die erst noch mit einer Dampflok betrieben wurde, war lange Zeit herbeigesehnt worden. Dank ihrer bekamen auch kleine Dörfer in der Krummhörn einen Bahnhof, und Orte wie Manslagt, Woquard oder Groothusen konnten nun eisenbahntechnisch erschlossen werden. Etwa 450.000 Menschen beförderte »Jan Klein« jedes Jahr.

Doch am 25. Mai 1963 wurde der Schienenverkehr schließlich eingestellt, und die Strecke wurde abgebaut. Nun übernahmen Omnibusse der Post den Personenverkehr. Der Abschied fiel den Krummhörnern nicht leicht, man wollte die Umstellung auf den Busverkehr zunächst nicht einfach so hinnehmen. Viele forderten in Leserbriefen den alten Krummhörn-Express zurück. Doch die Kleinbahn musste in ihren letzten Jahren immer intensiver gewartet werden und konnte mit neueren Bahnen und Bussen nicht mehr mithalten. Schließlich war der Landkreis Norden gezwungen, die Bahn stillzulegen. Bis heute hat »Jan Klein« noch einige Spuren in der Krummhörn hinterlassen. So befindet sich in Greetsiel das alte Empfangsgebäude des ehemaligen Bahnhofs.

Adresse Jannes-Ohling-Straße, 26736 Krummhörn | **Anfahrt** von Emden nach Pewsum fahren | **Öffnungszeiten** jederzeit | **Tipp** In der Cirksenastraße 1 befindet sich die Pizzeria da Carmelo.

73 Der Mühlenstumpf

Versteckte Mühlengeschichte

Während der Galerieholländer weithin sichtbar ist, wird die zweite Mühle von Pewsum in der Regel übersehen. Kein Wunder, denn von ihr existiert nur noch ein Mühlenstumpf, Achtkant und Kappe hingegen sind nicht mehr vorhanden. Erbaut wurde diese Mühle 1830 mit der Auflage, ausschließlich als Peldemühle zu arbeiten. Das ist der in Norddeutschland gängige Ausdruck für eine Schälmühle. Das Getreide wurde hier also nicht gemahlen, sondern von den Spelzen befreit. Grütze durfte jedoch hergestellt werden, das Korn durfte zerschnitten beziehungsweise zerteilt werden. Jede Mühle durfte nur mit einer amtlichen Lizenz betrieben werden, die genaue Vorgaben machte.

Im Laufe der Zeit wechselte die Peldemühle, auch »Alte Mühle« genannt, den Besitzer. Zu ihrer wechselvollen Geschichte zählen ein Brand im Jahr 1831 sowie zahlreiche Umbauten und Veränderungen. Zuletzt war die Mühle 23 Meter hoch und besaß einen Steert, mit dem Kappe und Flügel in den Wind gedreht wurden. Die Flügel verfügten über eine Besegelung, die 1898 durch moderne Jalousien ersetzt wurde. Der Steert wiederum wurde 1938 durch eine Windrose ersetzt, die die Kappe samt Flügeln automatisch in den Wind zu drehen vermochte.

Nach dem Ende des Zweiten Weltkriegs begann dann das große Mühlensterben. Windkraft war nicht mehr rentabel, Elektromotoren trieben moderne Mahlwerke an. Außerdem war der Erhalt einer Windmühle sehr kostspielig und wurde auch vom Müller Heinrich Janssen vernachlässigt. Zum letzten Mal mahlte er 1954 mit Windkraft, bevor ein Flügel und ein Teil der Galerie abbrachen. Daraufhin wurde auch der zweite Flügel entfernt und die Windrose abgebaut. Die Kappe und der Achtkant folgten 1957, sodass nur noch der gemauerte Unterbau unterhalb der nicht mehr vorhandenen Galerie übrig blieb. Bis zum 31. Dezember 1972 wurde die Mühle noch elektrisch betrieben, dann stellte man ihren Betrieb endgültig ein.

Adresse Jannes-Ohling-Straße 13a, 26736 Krummhörn | Anfahrt von Emden nach Pewsum fahren | Öffnungszeiten nur von außen zu besichtigen | Tipp Nicht weit entfernt liegt der Helenenhof, ein sehr gut erhaltener Gulfhof (Langer Weg 3).

74 Die Alte Brauerei

Seit 1873 dabei

Die schöne Ortschaft Pilsum hat noch einiges mehr zu bieten als nur den berühmten Leuchtturm. Viele renovierte Landarbeiterhäuser, große und kleine Gulfhöfe und die wunderschöne Kreuzkirche aus dem 12. Jahrhundert laden zu einem ausgiebigen Rundgang ein. Auf dem Spaziergang durch die Straßen fällt schnell auf, dass diese nach verschiedenen Berufen benannt sind, die früher im Ort ausgeübt wurden. So gibt es neben der »Weberlohne« auch die Straße »An der Alten Brauerei«. Hier befindet sich neben einer großen Linde sogar noch ein altes Brauereigebäude aus dem Jahr 1673. Es wurde 1998 aufwendig restauriert und ist inzwischen ein nicht nur bei den Pilsumern sehr beliebtes Restaurant.

Bereits vormittags nutzen viele Radfahrer und Besucher des Leuchtturms die Alte Brauerei als Zwischenstopp, um eine erholsame Pause in der Sonne einzulegen. Das Restaurant bietet eine klassische Küche, und nachmittags gibt es Ostfriesentee mit Sahne und Kluntje, und selbst gebackener Kauk (Kuchen) darf natürlich auch nicht fehlen. Durch die Restaurierung konnten auch die ehemaligen Räumlichkeiten der Brauerei erhalten bleiben. So kann man beispielsweise das alte Sudhaus für Feierlichkeiten mieten. Hier wurde früher in kupfereisernen Kesseln aus Wasser, Hopfen und Malz das Bier gebraut. Die Einrichtung passt zum Namen des Hauses: Alte Holzmöbel mit kleinen Kissen und eine niedrige Holzdecke sorgen für Gemütlichkeit und lassen an vergangene Zeiten denken. Man erwartet geradezu, dass gleich ein alter Braumeister das Gasthaus betritt. Im 18. Jahrhundert versorgte die Familie Ubben die Ortsbewohner mit Bier. Auch auf den Inseln und in zahlreichen anderen Orten gab es Brauereien. Damals gehörten Brauer in der Regel zur gehobenen Schicht der Bevölkerung und genossen hohes Ansehen. Die Pilsumer Bierbrauer konnten auf eine lange Tradition zurückblicken, die durch das gut erhaltene Brauhaus auch weiterhin in Erinnerung bleibt.

Adresse An der Alten Brauerei 2, 26736 Krummhörn, www.alte-brauerei-pilsum.de | Anfahrt von Emden nach Pewsum fahren, dort der Beschilderung in Richtung Greetsiel bis nach Pilsum folgen | Öffnungszeiten Mi–So: Bistro ab 11 Uhr, Mittagstisch 12–14 Uhr, Abendessen »à la carte« 18–21 Uhr; Dez.–März siehe Website | Tipp In der Nähe (Hauener Weg) beginnt das Pilsumer Tief mit einem Bootssteg.

75 Die alte Ziegelei

Von hier kamen die Ziegel

Heute sind nur noch Ruinen von der einst erfolgreichen Ziegelei in Pilsum übrig. Diese jedoch sind nicht zu übersehen. Die Natur hat sich zwar nach und nach einen Teil zurückerobert, doch der alte Schornstein sieht im Sonnenlicht immer noch beeindruckend aus. Das fanden auch die Produzenten eines Ostfrieslandkrimis, der 2018 im ZDF ausgestrahlt wurde. Seitdem die Ziegelei zur Filmkulisse und damit zum Schauplatz eines fiktiven Verbrechens wurde, haben sich neugierige Zuschauer an den verlassenen Ort gewagt. Doch dies ist nicht ganz ungefährlich. Inzwischen ist die seit Ende der 1960er Jahre stillgelegte Ziegelei des Ortes stark verfallen und einsturzgefährdet. Der Schornstein musste zum Teil abgerissen werden, seit er vom Blitz getroffen wurde. Bereits von Weitem ist zu sehen, wie er geradezu mystisch in die Höhe ragt.

Früher war die Ziegelherstellung einer der wichtigsten Wirtschaftszweige in der Krummhörn. Und die Ziegelei in Pilsum war keinesfalls die einzige: Noch bis Mitte des 20. Jahrhunderts waren Ziegeleien ein wesentlicher Arbeitgeber in Ostfriesland. Viele Ortschaften waren auf sie angewiesen. Es gab über 50 Brennöfen, unter anderem in Uttum, Jemgum und Harsweg. In Pilsum wurde die erste Ziegelei bereits 1789 urkundlich erwähnt. 100 Jahre später gründeten die Gebrüder Ekkenga die »Dampfziegelei GmbH«. 1907 wurde sogar ein Ringofen gebaut, sodass hier noch bis 1972 täglich bis zu 50.000 Ziegel gebrannt werden konnten. Dafür war der in Ostfriesland so verbreitete Kleiboden das ideale Material. Er wurde mit Sand gemischt, in Formen gepresst und anschließend im Ofen zu Ziegeln gebrannt. Doch die Technik überholte schließlich die alte Anlage, und es waren nicht genügend Geldmittel für eine Erneuerung vorhanden. Das gilt auch für die Ziegeleien in Greetsiel und Uttum. So verfiel die Pilsumer Ziegelei, die aber immer wieder neugierige Besucher anlockt und an alte Zeiten erinnert.

Adresse Neu-Etumer Straße, 26736 Krummhörn | Anfahrt von Emden nach Pewsum fahren, dort der Beschilderung in Richtung Greetsiel folgen und bis zur Ziegelei auf der rechten Seite | Öffnungszeiten nur von außen zu besichtigen, da Privatgelände | Tipp Ein echtes Schmuckstück ist der »Hof Clüver«, erbaut um 1800, in der Postlohne 2.

76 Das Deicharbeiter-Denkmal

Mit dem Spaten gegen das Wasser

Seit 1973 steht auf dem »Diekskiel« das Deicharbeiterdenkmal. Die massiven Steinblöcke wurden kunstvoll an einer ehemaligen Meereseinbruchsstelle errichtet und bilden hier ein besonders eindrucksvolles Monument, das an die unermüdlichen Deicharbeiter erinnern soll. Auf dem steinernen Denkmal steht der Wahlspruch des Deich- und Sielrichters Albert Brahms: »Kein Deich, kein Land, kein Leben«.

Brahms überlebte mit seiner Familie die große Weihnachtsflut 1717, indem sie drei Tage und drei Nächte auf dem Dachboden seines Hauses ausharrten, bis er, seine Frau und seine Kinder gerettet werden konnten. Nur ein Jahr später gewann Brahms die Wahl zum Deich- und Sielrichter. Die Weihnachtsflut 1717 gehörte zu den schwersten Sturmfluten, die es in der neueren Zeit gegeben hat. Einige Tage vor Weihnachten hatte es bereits mehrmals heftig gestürmt, doch am Heiligen Abend war eine Sturmflut zu erwarten. In dieser Nacht stieg dann das Wasser so schnell, dass ganz Emden überflutet wurde. Die Stadt konnte nur noch mit Hilfe von Schiffen erreicht werden und glich nun einer Insel. Die Deiche waren übergelaufen, viele Städte waren überschwemmt, und mehr als 10.000 Menschen ertranken an der Nordseeküste zwischen Holland und Holstein.

Doch die Deicharbeiter ließen sich nicht von den heftigen Sturmfluten unterkriegen. Nach der Weihnachtsflut reparierten, verstärkten und erhöhten die Menschen ihre Deiche wieder und nahmen erneut den Kampf gegen die Naturgewalten an der Küste auf. Durch die vielen Überschwemmungen lernten sie, bessere Deiche zu bauen und auch im Wiederaufbau der alten effektiver vorzugehen. Inzwischen sind die Entwässerungssysteme und Überschwemmungsmaßnahmen so gut, dass die Deiche das Land zuverlässig schützen. Das Denkmal in Pilsum erinnert an die Zeit der vielen Flutkatastrophen, aber noch mehr an die Menschen, die nicht aufgaben.

Adresse Zum Diekskiel, 26736 Krummhörn | Anfahrt von Emden nach Pewsum fahren, dort der Beschilderung in Richtung Greetsiel folgen, in Pilsum von der Neu-Etumer Straße links in Am Diekskiel einbiegen | Öffnungszeiten jederzeit | Tipp An der Adresse Zur Kreuzkirche 6 steht die Galerie »Glaskunst« von Klaus-Dieter Happek (www.adg-gmbh.de/klaushappek).

77 Der Delfzijl-Blick

Über die Außenems nach Westfriesland

Bei schönem Wetter lohnt sich ein Deichspaziergang am Meer gleich in mehrfacher Hinsicht. Dann macht der Wind einem nicht so viel aus, und die Aussicht ist ebenfalls phantastisch. Hat man Glück, kann man vom Deich aus sogar die Silhouette der Kleinstadt Delfzijl in der niederländischen Provinz Groningen erkennen. Inzwischen ist Delfzijl ein wichtiger Industriehafen, aber um 1300 war die Stadt eine Festung an der Ems. Ihr Name setzt sich aus zwei Begriffen zusammen: Eine Schleuse (auf Niederländisch *zijl*) wurde dort an einem Entwässerungskanal, dem sogenannten *delf*, gebaut. Daher der Name, den die Stadt immer noch trägt, wenn der Kanal heute auch Damsterdiep genannt wird. Er reicht bis zur Stadt Groningen.

Die Festung lag strategisch optimal, da sie einen natürlichen Zugang zur Nordsee hatte. Schnell wurde der Ort zu einem Umschlagplatz für Waren aller Art, und die Bevölkerungszahl stieg. Durch die Schifffahrt ergaben sich viele wirtschaftliche und militärische Vorteile. Die Festung bestand noch bis ins Jahr 1875, dann wurde sie abgetragen. Noch heute ist der Hafen ein wichtiger Wirtschaftszweig für die Stadt, die aber weitaus mehr zu bieten hat. Die vielen kleinen Straßen und Gässchen laden zum Bummeln ein, und auch Fischliebhaber kommen hier garantiert nicht zu kurz. Neben einem Heimatmuseum gibt es ein sehr sehenswertes Aquarium, das vor allem Kinderherzen höherschlagen lässt. Vom Hafen aus kann man direkt wieder nach Deutschland fahren, denn es gibt sowohl Verbindungen nach Emden als auch zur Insel Borkum.

Wer seinen Urlaub lieber in der Krummhörn verbringen möchte, der hat zumindest die Gelegenheit, die Stadt vom Deich aus zu bewundern. Dieser Spaziergang ist also immer einen längeren Blick wert. Und wer möchte, kann in einer Autostunde nach Delfzijl fahren. Von dort genießt man dann den Blick auf die Krummhörn.

Adresse Zum Diekskiel, 26736 Krummhörn | Anfahrt von Emden nach Pewsum fahren, dort der Beschilderung in Richtung Greetsiel folgen, in Pilsum von der Neu-Etumer Straße links in Am Diekskiel einbiegen | Öffnungszeiten jederzeit | Tipp Im Teyweg 4 befindet sich das Café »Kluntjestuv« (www.nienhof.com).

78 Die Fresnel-Linse

Weniger ist mehr

Die Außenems war nicht mehr sicher. Also trafen sich Niederländer und Deutsche und einigten sich auf den Bau neuer Leuchttürme. Einer von ihnen sollte in Pilsum auf dem Deich stehen. Mehrmals wurde der genaue Standort vermessen, bis die Koordinaten feststanden: 53° 29' 58,5" nördliche Breite und 7° 2' 46,0" östliche Länge. Auch die Höhe war schnell ermittelt. Da das Leuchtfeuer nur etwa zwölf Seemeilen weit sichtbar sein musste, weil die Ems dort die Richtung ändert, reichte eine Feuerhöhe von 15 Metern aus. Da der Leuchtturm auf der Deichkrone errichtet wurde, brauchte er selbst nur 11,2 Meter hoch zu sein, um die erforderliche Feuerhöhe zu erreichen. Der Pilsumer Leuchtturm ist also so klein, weil ein größerer an dieser Stelle gar nicht benötigt wurde. Der Durchmesser des Turms beträgt 4,50 Meter, als Baumaterial dienten geformte Stahlplatten und Stahlprofile, die mit Nieten verbunden wurden.

Am 19. März 1890 waren die Bauarbeiten abgeschlossen, der Leuchtturm und das Leuchtturmwärterhaus waren fertig. Nach einem Probebetrieb bis zum Herbst wurde der Pilsumer Leuchtturm am 1. Oktober 1891 offiziell in Dienst gestellt. Für das weithin sichtbare Leuchtfeuer sorgte eine Fresnel-Linse, wie sie 1822 von dem französischen Physiker Augustin Jean Fresnel (1788–1827) erfunden worden war. Diese hatte dieselben optischen Eigenschaften wie eine übliche Linse, wies jedoch ein wesentlich geringeres Volumen auf. Ihr geringes Gewicht und das Fehlen der bauchigen Form machten sie zur idealen Linse für Leuchttürme. In der ganzen Welt wurden in jener Zeit Fresnel-Linsen in Leuchttürme eingebaut, später verschwanden sie nach und nach und bekamen schließlich Seltenheitswert. Auch das Exemplar aus dem Pilsumer Leuchtturm wurde 1915 ausgebaut, konnte jedoch inzwischen glücklicherweise wieder ersetzt werden. Ein abgebrochener schottischer Leuchtturm machte es möglich.

Adresse Auf dem Deich, 26736 Krummhörn, www.pilsumer-leuchtturm.de | Anfahrt von Emden nach Pewsum fahren, dort der Beschilderung in Richtung Greetsiel und dann der zum Leuchtturm folgen | Öffnungszeiten siehe Aushang und Website | Tipp Unterhalb des Leuchtturms steht das Leuchtturmwärterhaus.

79 Der Käsehof

So ein Käse!

Kommt man gerade von einem Ausflug nach Greetsiel oder ist auf dem Weg dorthin, dann fährt man an einem kleinen bunten Holzschild vorbei. Darauf steht »Käse-Hof-Laden«, und zwei Kühe umrahmen einen Käselaib. Folgt man dem Schild (und das sollte man) und einer Art Feldweg, stößt man direkt auf besagten Hof. Dieser besteht aus einem Wohnhaus, einem Stall mit Käserei, einem kleinen Café und natürlich dem Käse-Hof-Laden. In dem kleinen, aber gut ausgestatteten Laden erwarten die Besucher diverse Rohmilchkäse der unterschiedlichsten Sorten, zum Beispiel mit Bärlauch, Trüffel, Bockshornklee oder Knoblauch. Kann man sich nicht entscheiden, hilft vielleicht eine Kostprobe.

Zusätzlich zum Käse gibt es noch andere Köstlichkeiten wie Frischmilch, Eier, Butter, Joghurt und Quark. Alles aus eigener Herstellung. Dabei achtet die Familie Rozenburg besonders auf artgerechte Tierhaltung. Die Kühe und auch die Ziegen sind die meiste Zeit auf der Weide und kommen nur zum Melken in den Stall. Es kann durchaus mal passieren, dass es zeitweise keinen Ziegenkäse zu kaufen gibt, weil die Milch für die jungen Zicklein gebraucht wird. Wer noch mehr über den Betrieb und die Produktion im Familienbetrieb erfahren möchte, kann sich zu einer Führung durch den Stall und die Käserei anmelden. Das ist nicht nur für Erwachsene, sondern auch für Kinder ein schönes Erlebnis.

Neben den Milchprodukten sind Bücher und allerlei lokale Spezialitäten wie Eierlikör und Marmeladen im Angebot. Vom Café aus hat man einen wunderschönen Ausblick aufs Land bis nach Pilsum und Greetsiel, und der köstliche Kuchen ist selbstverständlich hausgemacht. Zum Hof kann man nicht nur mit dem Auto, sondern auch wunderbar mit dem Fahrrad fahren. Erreicht man die Landstraße, so geht es noch etwa anderthalb Kilometer über landwirtschaftliche Wege, bis man am Ziel angekommen ist. Dann braucht man nur noch eine gute Nase und etwas Appetit.

Adresse Tjücher Weg 1, 26736 Krummhörn, www.kaesehofladen.de | Anfahrt von Emden nach Pewsum fahren, dort der Beschilderung in Richtung Greetsiel folgen, rechts in den Pilsumer Ring einbiegen, Käsehof ausgeschildert | Öffnungszeiten siehe Aushang und Website | Tipp In der Nähe befindet sich der »Windpark Pilsum«, der 1989 als erster Windpark Deutschlands eingerichtet wurde. Er besteht aus sechs Windkraftanlagen.

80__Die Ottogramme

Standhafte Fanpost

Als Otto Waalkes 1989 seinen Film »Otto – Der Außerfriesische« drehte, standen nicht nur Prominente wie Loriot oder Steffi Graf vor der Kamera, sondern auch der kleine Pilsumer Leuchtturm. Er fungiert in dem Film als Wohnung von Otto Groß, gespielt von Otto Waalkes. Damals besaß der Leuchtturm noch nicht das später eingebaute Leuchtfeuer. Auch die zahlreichen Windkraftanlagen im Hintergrund waren noch nicht vorhanden. Der Film, was immer man von ihm hält, wurde ein Erfolg – wie eigentlich alle Otto-Filme. Und der kleine Pilsumer Leuchtturm, damals schon nicht unbekannt, wurde mit einem Schlag eine architektonische Berühmtheit. War er bis dahin das Wahrzeichen der Krummhörn, so wurde er dank des Films zum Wahrzeichen ganz Ostfrieslands.

Otto Waalkes selbst kennt den Turm natürlich schon seit seiner Kindheit und weiß, wie lange er rotbraun auf dem Deich vor sich hin rostete. Im Zuge der Deicherhöhung nach der Sturmflut 1962 sollte er sogar abgerissen werden, entging aber mit viel Glück diesem Schicksal. Der legendäre Deichrichter Jannes Ohling inspizierte am 13. Oktober 1972 den Leuchtturm, sprach wütend von einem Schandfleck und ordnete die umgehende Renovierung an. Im Frühjahr 1973 wurde der Turm eingerüstet und instand gesetzt. Die ursprüngliche Farbe des Leuchtturms war Rot gewesen, im Ersten Weltkrieg hatte er einen grauen Anstrich erhalten. Diesmal entschied sich die zuständige Deichacht für die alte Dienstfarbe Rot, spendierte ihm jedoch noch drei gelbe Ringe. Fertig war das neue Wahrzeichen.

Nach dem Erfolg von Otto Waalkes' Film besuchen noch mehr Touristen den kleinen Leuchtturm und hinterlassen Grüße, Botschaften und Autogramme, die Ottogramme genannt werden. Viele Besucher zeichnen auch Ottifanten und schaffen somit selbst eine kleine Attraktion. Der Leuchtturm wurde zur Pinnwand und zum Briefkasten für Nachrichten an andere Otto-Fans.

Adresse Auf dem Deich, 26736 Krummhörn | Anfahrt von Emden nach Pewsum fahren, dort der Beschilderung in Richtung Greetsiel und dann der zum Leuchtturm folgen | Öffnungszeiten jederzeit | Tipp Außendeichs liegen die Salzwiesen und das Pilsumer Watt.

81 Das »sehr kleines Haus«

Ausbilder Schmidt und andere Comedians

Der Comedian und Kabarettist Holger Müller, geboren in Idar-Oberstein, wohnhaft in Köln, träumte schon längere Zeit von einem Haus am Meer. Immer wieder hielt er daher im Norden die Augen offen. Auf Fehmarn hätte es fast geklappt, bevor er in Pilsum fündig wurde und ihm der Zufall ein geradezu ideales Haus verschaffte, nämlich das »sehr kleines Haus«. So taufte Müller die Kleinkunstbühne, die er 2009 eröffnete.

Immerhin 54 Personen finden hier Platz und können das Programm verfolgen, in dessen Mittelpunkt natürlich regelmäßig der Kabarettist selbst steht. Aber auch viele seiner Kollegen waren schon bei ihm in der Krummhörn zu Gast. Seine bekannteste Figur ist der »Ausbilder Schmidt«, der ihm während seines Wehrdienstes in den Sinn gekommen ist. Sogar in Afghanistan ist er damit aufgetreten. Doch keine Bühne kann mit der eigenen konkurrieren, denn die Atmosphäre im »sehr kleines Haus« ist unvergleichlich. Noch dazu ist Pilsum ein ländlicher Gegenentwurf zu jenen Orten, in denen Müller sonst auftritt, also etwa Köln oder Berlin. In der tiefen Provinz gibt es in der Regel keine Kleinkunstbühnen mit einem entsprechenden Programm. Das führt natürlich dazu, dass Urlauber, die nichts ahnend durch Pilsum flanieren, große Augen machen, wenn sie das Haus entdecken. In Pilsum vermutet man eben keine Kleinkunstbühne, die gehört normalerweise zum urbanen Inventar.

Doch Pilsum steht die Bühne hervorragend, die auch die Coronapandemie gut überstanden hat. Müller hat sogar geäußert, er könne sich vorstellen, eines Tages nicht mehr auf Tournee zu gehen, sondern nur noch sein eigenes Haus zu bespielen. Bis es so weit ist, müssen sich die Kleinkunstfans aber noch gedulden und die Programmankündigungen verfolgen. Oder man nimmt an einer »Lachbustour« durch die Krummhörn teil, die im »sehr kleines Haus« ihren komischen Abschluss findet.

Adresse An der Warf 1, 26736 Krummhörn, www.ostfrieslandlacht.de/sehr-kleines-haus | Anfahrt von Emden nach Pewsum fahren, dort der Beschilderung in Richtung Greetsiel bis Pilsum folgen | Öffnungszeiten siehe Aushang und Website | Tipp Das kleine Haus in der Weberlohne 1 war für viele Jahre Wohnung und Atelier des namhaften Pastellmalers Gisbert Wilhelm (1932–2020).

82 Der Vierungsturm

Landmarke und Wachtturm

Die große Pilsumer Kirche ist ein Baudenkmal von nationaler Bedeutung, denn sie ist die einzige Kreuzkirche in ganz Ostfriesland. Das prächtige Gebäude mit Einflüssen aus der Romanik und der Gotik wurde im 13. Jahrhundert errichtet und zwischen 1976 und 1994 aufwendig restauriert. Besonders auffällig ist der fast 40 Meter hohe Vierungsturm, der schon von Weitem zu sehen ist. Er besitzt helle Blendarkaden, die ihn schmücken und die sich deutlich von den roten Backsteinen abheben.

Im Mittelalter waren Kirchen nicht nur Orte, an denen Gottesdienste abgehalten wurden, sondern auch wichtige Zufluchtsorte für die Gemeinde in Notsituationen. So war der Pilsumer Vierungsturm Seezeichen und gleichzeitig Wehrturm. Das erklärt auch die Größe des massiven Turms, der bei Angriffen und Hochwasser regelmäßig von der Bevölkerung aufgesucht wurde. Allerdings handelt es sich dabei nicht um den Glockenturm. Dieser befindet sich fast schon unscheinbar direkt neben der Kirche. Aufgrund des weichen Untergrundes bewegte sich der Vierungsturm immer wieder, sodass bereits im Mittelalter die dort befindlichen Glocken zur Sicherheit entfernt werden mussten. Für diesen Zweck wurde nun extra ein weiterer, deutlich kleinerer Glockenturm errichtet.

Wer sich den Vierungsturm genauer ansehen möchte, sollte unbedingt die Gelegenheit nutzen und auch noch einen Blick in die wunderschöne Kirche werfen. Die Deckenmalereien und das detailreiche Taufbecken sind dabei besonders sehenswert. Die bronzene Taufe wurde bereits 1469 in der Werkstatt von Hinrich Klinghe gegossen. Sie wird von den Symbolen der vier Evangelisten Markus, Johannes, Lukas und Matthäus geschmückt und besitzt vielfältige Gravuren. Die prächtigen Wandmalereien an der Ostwand stammen ungefähr aus derselben Zeit wie das Taufbecken und wurden bei Restaurierungsarbeiten in den 1990er Jahren freigelegt. 2003 wurde in der Kirche der Pilotfilm der Kriminalfilmreihe »Pfarrer Braun« mit Ottfried Fischer gedreht.

Adresse Zur Kreuzkirche 3, 26736 Krummhörn, www.reformiert.de/gemeinde/pilsum | Anfahrt von Emden nach Pewsum fahren, dort der Beschilderung in Richtung Greetsiel bis Pilsum folgen | Öffnungszeiten siehe Aushang und Website | Tipp Das Café »Haltestelle Kiek in« in der ehemaligen Haltestelle der Kleinbahn in der Neu-Etumer Straße 6 ist einen Besuch wert.

83 Der Wohnturm

Schon lange sehr friedlich

Wer von Pilsum zum Deicharbeiterdenkmal auf dem »Diekskiel« fährt, dem fällt mit Sicherheit der Turm der Familie Itzenga auf. Umgehend stellt man sich die Frage, wer an dieser Stelle einen Turm gebaut hat und welchem Zweck er wohl diente. Ein zweiter Leuchtturm? Auf keinen Fall, denn kein Schiff hätte je sein Leuchtfeuer gesehen. Oder ein Mühlenstumpf? Was für eine Mühle hätte das sein sollen? Vielleicht ein Silo? Das Rätselraten nimmt kein Ende. Radfahrer steigen ab und erörtern die unterschiedlichsten Möglichkeiten. Doch auf die Lösung kommen sie in der Regel nicht. Dazu müssten sie nämlich ins Jahr 1939 reisen. Denn in diesem Jahr wurde der Turm von der Wehrmacht gebaut.

Auf seiner Spitze trug er ein Funkmessgerät, also eine Art Radargerät, das den Luftraum überwachen sollte. Die Form des Turms wurde wohl gewählt, weil sie so gar nicht militärisch wirkt, sondern tatsächlich wie ein Mühlenstumpf. Zumindest aus der Luft konnte der Turm als solcher angesehen werden. Und falls nicht, stand zur Verteidigung ein Zwei-Zentimeter-Flakgeschütz bereit, um Tiefflieger abzuwehren. Nach dem Ende des Zweiten Weltkriegs beabsichtigten die britischen Besatzer, den Turm zu sprengen, konnten jedoch davon abgehalten werden, denn der nackte Turm ohne Funkmessgerät hatte keinerlei militärische Bedeutung mehr.

Da nach dem Krieg Wohnraum knapp war und viele Flüchtlinge nach Ostfriesland gelangten, wurde aus dem Radarturm ein Wohnturm. Später diente er eine Zeit lang als Stall, und schließlich kamen die Eigentümer auf die Idee, ihn in eine außergewöhnliche Ferienwohnung zu verwandeln. Eine friedlichere Nutzungsform ist kaum vorstellbar. Und auf der Straße halten weiterhin Fahrräder und Autos an, um zu klären, warum hier jemand einen Turm errichtet hat. Wer zufällig diesen Spekulationen lauscht, kann über das vielfältige Angebot nur staunen. Doch ohne historisches Wissen lässt sich diese Frage nur sehr schwer beantworten.

Adresse Zum Diekskiel 1, 26736 Krummhörn, www.hof-am-turm.de | **Anfahrt** von Emden nach Pewsum fahren, dort der Beschilderung in Richtung Greetsiel bis Pilsum folgen | **Öffnungszeiten** nur von außen zu besichtigen oder vorher anmelden unter Tel. 04926/473 | **Tipp** Am Pilsumer Ring 9 können Sie die sehenswerte Galerie Szkudelski besuchen (www.galerie-szkudelski-pilsum.de).

84_Der Fuhrmannshof

Klassik ertasten

Der alte Gulfhof mit seinen beiden Wohnhäusern ist eher unscheinbar. In einem Dorf wie Rysum, in dem viele gut erhaltene und restaurierte Gebäude zu finden sind, fällt der Fuhrmannshof nicht weiter auf. Die Wohngebäude sind um 1780 entstanden, die Scheune stammt aus dem Jahr 1870. Es handelt sich nicht um einen der großen Höfe, wie man sie auch in Rysum und in der gesamten Krummhörn findet. Und: Der Fuhrmannshof ist in einem ausgezeichneten Zustand – wie andere historische Gebäude auch. Das also macht ihn nicht einmalig.

Um seine Einzigartigkeit zu verstehen, muss man ein Konzert besuchen und sich um den Flügel versammeln, der dort steht, wo einst Heu und Stroh lagerten: mitten in einem der Gulfe. Die Musik wurde von namhaften Komponisten aus dem Barock und der Klassik bis hin zur Romantik komponiert. Bach und Beethoven sind ebenso vertreten wie Chopin, Liszt oder Rachmaninoff. Interpretiert werden die Kompositionen von Pianistinnen und Pianisten von Weltrang, von Shoko Kawasaki, Nadejda Vlaeva, Artem Yasynskyy und anderen Talenten. Für die Qualität bürgen die drei ebenfalls namhaften Professoren Wolfram Schmitt-Leonardy (Mannheim), Bernd Goetzke und Lars Vogt (beide aus Hannover), die als Schirmherren fungieren.

Organisiert wird die Reihe »Weltklassik am Klavier« von Kathrin Haarstick, die vor mehr als 20 Jahren das erste Konzert veranstaltet hat. Quasi als Versuchsballon. Nach dem erfolgreichen Start hat sie ihr Konzept, klassische Klaviermusik einem ebenso breiten wie interessierten Publikum leicht zugänglich zu machen, stark ausgebaut. Inzwischen finden an 41 Orten in Deutschland Konzerte unter dem Namen »Weltklassik am Klavier« statt. Und das ganz ohne staatliche Zuschüsse. Der Fuhrmannshof war die Keimzelle dieser einmaligen Idee. Wer also die Krummhörn erkundet, sollte sich unbedingt rechtzeitig ein Konzertticket sichern.

Adresse Neuwegsterlohne 1, 26736 Krummhörn | **Anfahrt** von Emden auf der Larrelter Straße in die Krummhörn, bis nach Rysum fahren | **Öffnungszeiten** Infos siehe Aushang und unter www.weltklassik.de | **Tipp** Das Atelier für Malerei »Alte Bäckerei« befindet sich in der Denkmalstraße 4 (www.gina-sossna-wunder.com).

85 Das Gulf-Café

Kuchen statt Heu und Stroh

Um die Gulfhöfe in der Krummhörn ist es nicht gut bestellt. Ihr Unterhalt ist kostspielig, und ihre einstige Nutzung ist heute nicht mehr gefragt. Die Landwirtschaft hat sich umfassend verändert. Viele Gulfhöfe sind daher in den letzten Jahrzehnten verschwunden, in Freepsum, Greetsiel, Eilsum und in anderen Dörfern der Krummhörn. Oft ist eine Rettung nur möglich, wenn die Nutzungsform geändert wird. In Loquard wurde aus einem Gulfhof beispielsweise eine Schule, in Greetsiel ein Hotel. Auch in Rysum sind nicht mehr alle Gulfhöfe vorhanden. Erst 2021 ist einer komplett abgerissen worden.

Doch es gibt dort auch ein schönes Gegenbeispiel: den Rysumer Plaats. Wobei die Bezeichnung »Plaats« für einen großen Bauernhof steht. Der Rysumer Plaats wurde um 1750 errichtet und diente für mehr als zwei Jahrhunderte seinem ursprünglichen Zweck. Erst die Modernisierung der Landwirtschaft in der zweiten Hälfte des 20. Jahrhunderts machte ihn überflüssig. Somit war auch die Zukunft dieses Hofes ungewiss, bis Investoren 1994 auf die Idee kamen, ein Restaurant beziehungsweise Café darin zu betreiben. Dazu wurde nicht nur das Gebäude unter Einhaltung des Denkmalschutzes restauriert, sondern man baute auch eine Restaurantküche, Toiletten und die erforderlichen Plätze in die Gulfe, also die ehemaligen Lagerflächen für Heu und Stroh, ein. Sie bieten nun ausreichend Raum für Tische und Stühle.

Die Atmosphäre in den bis zum First reichenden Gulfen ist einmalig und anderswo schwer zu finden. Und auch die Außenflächen sind sehr zu empfehlen. Bei einem Restaurant- oder Cafébesuch hat man die Gelegenheit, einen Gulfhof etwas besser kennenzulernen und sich mit der hiesigen Architektur vertraut zu machen. Viele Kulturpfleger sehen in der Nutzungsänderung die einzige Möglichkeit, zumindest einige der historisch wertvollen Gebäude zu erhalten.

Adresse Am Judendobbe 4, 26736 Krummhörn | Anfahrt von Emden auf der Larrelter Straße in die Krummhörn, bis nach Rysum fahren | Öffnungszeiten Mi–So 12–16 Uhr | Tipp Ein weiteres Restaurant, das »Gasthaus Am Markt«, befindet sich in der Marktstraße 3 (www.gasthaus-am-markt-rysum.de).

86_Die Orgel

Gegen Rinder gab es guten Klang

Mehr als 300 Orgeln gibt es in Ostfriesland. Die älteste steht in der kleinen Backsteinkirche in Rysum. Sie ist nicht nur die älteste Orgel Ostfrieslands, sondern sogar die älteste bespielbare Orgel Nordeuropas. Selbst weltweit gehört sie neben den Instrumenten in Bologna, Sion oder Ostönnen zu den ältesten Orgeln. Sie ist ein Kulturerbe, auf das die Rysumer stolz sind.

Der heute noch erhaltene Grundbestand der Orgel stammt etwa aus dem Jahr 1440. Aus der Friesenchronik des Eggerik Beninga ist ersichtlich, dass die wohlhabenden Rysumer Marschbauern ihre Orgel mit zehn ihrer besten Rinder bezahlten. Sie wurden nach Groningen verschifft, wo das kostbare Instrument in einer Werkstatt gefertigt wurde. Es wurde schließlich 1573 in eine extra dafür angefertigte Organistenkanzel eingebaut. Seitdem thront die Orgel mit dem gotischen Zierwerk über den Kirchbänken. Sie wurde im Laufe der Zeit mehrfach restauriert und ist daher in einem ausgezeichneten Zustand.

Ein optisch besonders schönes Detail sind die beiden verzierten Flügeltüren. Sie zeigen einen blauen Himmel mit goldenen Sternen, Mond und Sonne. Im 20. Jahrhundert sollte das alte Instrument sogar durch eine neue Orgel ersetzt werden, doch zum Glück kam es wegen Geldmangels nicht dazu. Inzwischen reisen jedes Jahr Orgelexperten, Reisegruppen und Musiker aus aller Welt an, um die gotische Orgel in Rysum zu sehen und natürlich auch zu hören. Zwischen Ostern und Oktober finden in ganz Ostfriesland Orgelkonzerte statt, auch in Rysum. Denn die gesamte Region ist bis heute eng mit diesen besonderen Musikinstrumenten verbunden. Es gibt immer noch einige Orgelbauer, die sich um alte Exemplare kümmern und neue bauen. Ein ganz besonderes Highlight ist der Krummhörner Orgelfrühling. Das Festival geistlicher Musik findet jedes Frühjahr in vielen Orten der Region statt.

Adresse Turmstraße, 26736 Krummhörn | **Anfahrt** von Emden auf der Larrelter Straße in die Krummhörn, bis nach Rysum fahren | **Öffnungszeiten** siehe Aushang neben der Kirchentür | **Tipp** Ein altes Landarbeiterhaus befindet sich in der Emsstraße 2.

87 Der Ring der Warft

Herr der Krummhörner Ringe

Das Besondere an der südlichsten Ortschaft der Krummhörn ist ihre bis heute erhaltene Struktur. Rysum ist ein absolutes Musterbeispiel für eine Rundwarft. Das erkennt man bei einem Spaziergang durch das schöne Dorf mit seinen vielen kleinen Häusern sofort. Die Kirche ist das zentrale Gebäude Rysums und wurde auf dem höchsten Punkt der Warft errichtet. Um sie herum sind die Wohnhäuser und Höfe in zwei Kreisen angeordnet. Die Rundwarft hat einen Durchmesser von etwa 400 Metern und ist 14 Hektar groß. Von oben betrachtet kann man die Kreisform besonders gut sehen.

Insgesamt gibt es drei Ringstraßen: Eine äußere führt um die Warft herum, die mittlere verläuft zwischen zwei Hofkreisen, und die dritte umfasst die Kirche und den Kirchhof. Im 19. Jahrhundert waren allein die Straße zur Kirche und ein einfacher Fußweg durch Backsteine befestigt, alle anderen Wege waren aus Lehm und wurden Kleiwege genannt. Durch die kleinen Straßen und Wege, die vom Zentrum nach außen führen, gleicht das Konzept einem Spinnennetz. Rysum besteht zum Großteil aus kleinen, dicht gedrängten Arbeiterhäusern. Früher verlief außerdem parallel zur äußeren Ringstraße ein Wassergraben. Durch kleinere Wassergräben wiederum wurde das Wasser direkt bis zu den Höfen geleitet, somit konnten die Tiere problemlos versorgt werden.

Die Bebauung von Rysum hat sich seit dem Jahr 1872 nur geringfügig geändert, die Zahl der Häuser ist praktisch gleich geblieben. Waren es 1872 insgesamt 112 Kleinhäuser, so sind es heute noch 93. Daher gilt Rysum aus gutem Grund als die am besten erhaltene Warft im Küstenbereich Norddeutschlands. Ein Besuch lohnt sich jedoch nicht nur wegen der gut erhaltenen Ringwarft. Der Ort wurde 1998 zum schönsten Dorf Niedersachsens gekürt und wird vom GEO-Magazin zu den zehn schönsten Dörfern Deutschlands gezählt. Das sieht man in jeder der kleinen Straßen, an den individuellen Häusern und den aufwendig gestalteten Gärten.

Adresse Äußere Ringstraße, 26736 Krummhörn | Anfahrt von Emden auf der Larrelter Straße in die Krummhörn, bis nach Rysum fahren | Öffnungszeiten jederzeit | Tipp In der Emsstraße 32 befindet sich ein Gulfhof aus dem Jahr 1890.

88 Der Steert

Vor der Erfindung der Windrose

In Rysum gab es eigentlich schon immer eine Mühle, sogar zu Zeiten der ostfriesischen Häuptlinge. Doch die jetzige Mühle hat eine besonders abenteuerliche Geschichte. Sie wurde 1895 zweistöckig gebaut und brannte 1917 bei einem verheerenden Feuer vollständig nieder. Nur wenige Jahre später wurde sie aber wieder aufgebaut, und das bereits als dreistöckiger Galerieholländer. Dafür wurden auch Teile einer alten Vareler Mühle verwendet. Mit der Zeit fielen jedoch immer mehr Reparaturen an, die der damalige Müller Martinus Schmidt bald nicht mehr bezahlen konnte. Die dafür notwendigen 3.000 Mark hatte er nicht, und die Mühle musste schließlich 1964 stillgelegt werden. Nach und nach begann das einst so schöne Bauwerk zu verfallen. Mehrere Teile wurden abgetragen und in die Mühle von Bad Zwischenahn eingebaut. Die zerschlagenen Mahlsteine versenkte man einfach in einem kleinen Teich hinter der Mühle. Schließlich blieb nur noch der backsteinerne Bodenteil erhalten. Doch auch dieser fiel der Zeit und damit der Verwitterung zum Opfer. Es sah so aus, als ob das Ende dieser Mühle gekommen wäre.

Doch das Schicksal meinte es gut mit der Mühle. Rysum wurde Teil eines Dorfsanierungsprogramms, und die »Interessengemeinschaft Rysum e.V.« schloss einen Nutzungsvertrag mit den Eigentümern. So konnte die Mühle schließlich pünktlich zu ihrem 100. Geburtstag am 30. September 1995 repariert und voll funktionsfähig erneut eingeweiht werden. Mittlerweile ist die Rysumer Mühle ein Museum, das besichtigt werden kann. Inzwischen finden hier auch regelmäßig kleine Ausstellungen und Veranstaltungen statt. Auffällig an der Rysumer Mühle ist der Steert, mit dessen Hilfe Kappe und Flügel vom Müller in den Wind gedreht werden mussten. Der Müller bediente dabei ein Stellrad, auch Krühhaspel genannt. Moderne Windmühlen haben eine Windrose, die für eine automatische Drehung der Flügel in den Wind sorgt.

Adresse Mühlenlohne 1, 26736 Krummhörn | Anfahrt von Emden auf der Larrelter Straße in die Krummhörn, bis nach Rysum fahren | Öffnungszeiten siehe Aushang | Tipp Das neben der Mühle stehende Müllerhaus wird an Wochenenden als Café betrieben.

89 Das Warftarbeiterhaus

Wohnen im 18. Jahrhundert

Rysum zeichnet sich durch seine vielen alten Wohnhäuser und Gulfhöfe aus. Neben der Backsteinkirche, dem Fuhrmannshof und der gut erhaltenen Mühle sind es vor allem die engen Gassen mit den wunderschönen Häusern, die so manchen Urlauber jedes Jahr wiederkommen lassen. Im Gegensatz zum touristisch stark frequentierten Greetsiel ist Rysum ein Ruhepol in der Krummhörn. Hier gibt es keine großen Läden oder Geschäfte. Ein kleiner Bäcker, ein Gasthaus und ein Mühlencafé sind die Anlaufstellen für eine kurze Pause. Wer einfach nur entspannen möchte und Spaziergänge liebt, kann hier dem hektischen Trubel der Welt für eine Weile entfliehen. Bringt man etwas Zeit mit, so entdeckt man in Rysum immer etwas Neues. Jedes Gässchen offenbart andere Schmuckstücke.

Ein ganz besonders beeindruckendes Haus befindet sich direkt im Ortskern und ist mit seiner wunderschönen weißen Fassade nicht zu übersehen. Es handelt sich hierbei um das älteste Wohnhaus des Dorfes, das gleichzeitig auch – abgesehen von der Kirche – das älteste Gebäude Rysums ist. Das Warftarbeiterhaus stammt aus dem Jahr 1766, eine Plakette an der Fassade zeichnet es als Landarbeiterhaus aus. Warftarbeiter besaßen nicht immer ein eigenes Haus, aber wenn sie gute Aufträge hatten oder bei einem wohlhabenden Bauern angestellt waren, konnten sie sich ein kleines Stück Land mit Häuschen und Garten leisten.

Viele Warftarbeiter waren in der Landwirtschaft beschäftigt, andere als Tagelöhner, Hirten oder Handwerker. In einem Warftendorf in der Marsch gab es immer viel zu tun: Land und Vieh mussten versorgt werden, Reparaturen von Kutschen und Geräten fielen nahezu täglich an. Oftmals lebten die Familien der Arbeiter auf engstem Raum zusammen, bis zu zehn Personen schliefen unter einem Dach. In Rysum erhält man eine Vorstellung davon, wie die Menschen von damals gewohnt und gearbeitet haben.

Adresse Emsstraße 7, 26736 Krummhörn | **Anfahrt** von Emden auf der Larrelter Straße in die Krummhörn, bis nach Rysum fahren | **Öffnungszeiten** nur von außen zu besichtigen | **Tipp** Ein weiteres altes Wohnhaus steht in der Friedhofstraße 1.

90 Die Findlinge

Grüße aus der Klosterzeit

Das Kloster Sielmönken gibt es schon seit einiger Zeit nicht mehr, aber die Findlinge, die sich an diesem Ort befinden, erinnern sowohl an die Eiszeit als auch an die Wirkungsstätte der Augustinermönche. Oft entdeckt man die schönen großen Steine am Wegesrand als Markierungen. Wann das Kloster Sielmönken genau gegründet wurde, lässt sich heute nicht mehr sagen. Allerdings wird vermutet, dass es zusammen mit anderen Niederlassungen des Benediktinerordens auf einen größeren Klosterverband zurückzuführen ist, der auf den heiligen Hatebrand (gestorben 1198) zurückgeht. Er war Abt des Klosters Feldwirth bei Appingedam, einer Stadt in der niederländischen Provinz Groningen. Das Kloster dort gilt als Mutterkloster der ostfriesischen Benediktinerklöster. Da der Abt bereits im Jahr 1255 bei einer Beurkundung in Erscheinung tritt, muss die Gründung des Klosters vorher stattgefunden haben.

Zunächst lebten im Kloster Sielmönken Benediktinerinnen, doch 1444 wurden sie auf andere Klöster der Region verteilt. Die Augustinermönche übernahmen fortan die Gebäude. Zum Kloster gehörte einige Zeit lang auch das Freepsumer Meer, das damals noch nicht trockengelegt war und als wertvolle Nahrungsquelle diente. Die dort gefangenen Fische und Krebse landeten oft auf den Tellern der Mönche. Daher wurde der Flachsee später auch »Küchenmeer« genannt. Doch die vielen Fische gingen bald an andere Küchen, denn das Kloster wurde abgerissen.

1556 wird letztmals ein Prior des Klosters Sielmönken genannt, was darauf hindeutet, dass in dieser Zeit der Abbruch des Klostergebäudes begann. In der Krummhörn war das Kloster Sielmönken nicht das einzige. In Appingen und Dieksiel in der Nähe von Visquard gab es ebenfalls Klöster. Auch sie sind dem Zahn der Zeit zum Opfer gefallen. Die Findlinge markieren diese geschichtsträchtigen Orte noch heute.

Adresse Kloster Sielmönken, 26736 Krummhörn | Anfahrt von Emden auf der Landstraße nach Groß Midlum fahren, geht in die Freepsumer Landstraße über, auf der Höhe von Freepsum rechts in die Straße Kloster Sielmönken einbiegen | Öffnungszeiten jederzeit | Tipp In Sielmönken gibt es gleich mehrere stattliche Gulfhöfe.

91 Das Schlickschlittenrennen

Very Matsch!

In Upleward finden wohl die schmutzigsten Sportwettkämpfe der Welt statt. Und das im wahrsten Sinne des Wortes. Alljährlich wird hier nämlich die »Wältmeisterschaft« ausgetragen. Daran, dass das so eine schmutzige Angelegenheit ist, hat eindeutig das Wattenmeer Schuld. Denn das ist der Austragungsort von Wettkämpfen in ganz besonderen Sportarten. Hier treten Mannschaften im Wattziehen (Tauziehen im Watt), im Watt-Fußball, im sogenannten Aalsprint und natürlich im Schlickschlittenrennen gegeneinander an.

Letztgenannte Disziplin ist das absolute Highlight der Wettkämpfe. Schlickschlitten, auch Kreier genannt, waren allerdings nicht schon immer Sportgeräte, sondern sie dienten ursprünglich den Fischern dazu, das Watt zu überqueren, um zu ihren Reusen zu gelangen. Reusen sind netzartige Bauten, die zum Fangen von Vögeln, Fischen und Krebstieren benutzt wurden. Mit den aus Holz angefertigten Schlitten konnte man schnell durch den Wattschlamm gleiten und den Fang des Tages sicher transportieren. Heute werden die Schlitten für die spektakulären Rennen im Uplewarder Watt verwendet. Inzwischen melden sich jedes Jahr Hunderte Teilnehmer an, um in Mannschaften gegeneinander anzutreten.

Dabei geht es beim Schlickschlittenrennen nicht nur um Geschwindigkeit und Teamwork, sondern auch um das außergewöhnlichste Kostüm. Denn alle »Wattlethen«, wie sie in der Krummhörn liebevoll genannt werden, tragen bei den Wettkämpfen ausgefallene Kleidung. Ob Kuh, Wikinger oder Phantasiewesen – es ist alles dabei. Und die Zuschauer auf den Deichrängen haben in der Wattarena in Upleward ihren Spaß. Hier bleibt nämlich kein Auge trocken – und auch kein Teilnehmer. Wer sich dieses Rennen nicht entgehen lässt, tut außerdem noch ein gutes Werk, denn die Eintrittsgelder werden an soziale Einrichtungen gespendet.

Adresse Badestrand Upleward, 26736 Krummhörn, www.schlickschlittenrennen.de | Anfahrt von Emden auf der Larrelter Straße in die Krummhörn, bis nach Upleward fahren | Öffnungszeiten Aushänge und Website beachten | Tipp In der Ohlingslohne 5 steht ein modernisierter Gulfhof aus der ersten Hälfte des 19. Jahrhunderts.

92 Die Schmiede

Mit Hammer und Amboss

Wie in vielen anderen Dörfern der Krummhörn auch war die Schmiede in Upleward ein zentraler Ort. Insbesondere für die landwirtschaftlichen Betriebe war der Schmied der wichtigste Handwerker. Geräte wie Pflüge, Walzen, Leiterwagen oder Kutschen mussten regelmäßig gewartet und repariert werden. Die Uplewarder Schmiede wurde 1825 gebaut und seit 1935 kaum verändert. Wer eine kleine Zeitreise in einen traditionellen Handwerksbetrieb unternehmen möchte, ist hier genau richtig.

Alles steht noch an seinem Platz: die Esse in der Mitte des Raumes zum Erhitzen der zu bearbeitenden Metallstücke, die vielen Zangen, Hämmer, Meißel und der Amboss. Es kommt einem so vor, als wäre der Schmied gerade erst aus dem Haus gegangen. 1935 wurde das Gebäude um einen Wohnteil erweitert, da es einfach zu viele Gesellen und Familienmitglieder gab. Außerdem existierten am Wohnhaus Ställe für Schweine, Schafe und Hühner. 1954 wurde dieser Teil verkleinert und am östlichen Teil des Hauses wieder angebaut, damit der Stallgeruch nicht mehr länger störte. Dabei wurde die alte Schmiede nicht verändert. Lange Zeit gehörte sie der Familie Göken. Remmer Göken verstarb 1950, und sein Sohn konnte den Betrieb aus gesundheitlichen Gründen nicht mehr aufrechterhalten. Dennoch verkaufte und reparierte er in der Schmiede bis zu seinem Tod 1968 Fahrräder. Etliche Jahre später, im Jahr 1994, erwarben sieben Teilhaber die Schmiede. Ziel war es, das historische Gebäude vor Veränderungen zu bewahren. Folglich wurde es unter Denkmalschutz gestellt. 2005 wurde die Schmiede mit dem Wohnhaus an Privatpersonen verkauft. Heute kann man sie jedes Jahr am Tag des offenen Denkmals im September besichtigen. Wenn man sich jedoch direkt bei Familie Hillen meldet, kann man ohne Weiteres einen privaten Termin zur Besichtigung vereinbaren. Und das lohnt sich in jedem Fall. Allerdings sollte man ausreichend Zeit einplanen, denn die Eindrücke sind mehr als faszinierend.

Adresse Sportplatzweg 4, 26736 Krummhörn | Anfahrt von Emden auf der Larrelter Straße in die Krummhörn, bis nach Upleward fahren | Öffnungszeiten am Tag des offenen Denkmals und nach Vereinbarung unter Tel. 04923/8839 | Tipp In der Nähe befindet sich die alte Erbsenbinderei, die von einer Graft umgeben ist (Erbsenbindereistraße 2).

93 Die Zaunkunstwerke

Kunst am Wegesrand

Wer Lust hat, sich ein wenig verzaubern zu lassen, sollte sich die Schmiedekunstzäune in Upleward ansehen. Bei einem Spaziergang durch das Dorf kann man so einiges entdecken. Wohin man auch geht und blickt, überall erwartet einen eine Vielzahl märchenhafter Zäune. Sponsor dieser metallenen Schönheiten ist der ursprünglich aus Upleward stammende Dr. David Fokke Ihno Folkerts-Landau. Der studierte Ökonom lebt inzwischen in London und ist Vorstand der Deutschen Bank, unterstützt aber seinen Geburtsort mit vielen Projekten. Dazu zählen auch die kunstfertig geschmiedeten Zäune, welche die kleine Ortschaft schmücken. Für diese besondere Art der Schmiedekunst wurde der kanadische Künstler Giuseppe Lund beauftragt. Seine verwobenen, überwiegend floral gestalteten Zäune finden sich sowohl als Grundstücksbegrenzungen als auch als Toreingänge an etlichen Plätzen in Upleward.

Der Ortskern des Warftendorfes besteht aus Wohnhäusern und mehreren Höfen, die sich um die gotische Kirche herum gruppieren. Diese stammt aus dem 14. Jahrhundert, was sich an den typischen Spitzbogenfenstern in der Nord- und Südmauer erkennen lässt. Die schöne Uplewarder Kirche und ebenso der Friedhof werden von den Metallarbeiten umrahmt, aber auch weitere Gebäude verfügen über kleine Pforten und Eingänge aus der Hand des kanadischen Künstlers. Ein Highlight sind sicherlich die Geländer der neuen Brücke. Sie verbindet das Dorf mit einer kleinen Insel, auf der sich ein Denkmal für die Kriegsgefallenen befindet. Erreicht man diesen Übergang, steht man vor einem mit Blumen verzierten Metallgebilde. Nicht jeder Besucher wagt sich gleich auf die Brücke, da sie sofort als Kunstwerk erkannt wird. Die vielen unterschiedlichen Zäune und Toreingänge lassen einen den Alltag komplett vergessen und laden zu einer Entdeckungstour ein. Es lohnt sich immer, einen Rundgang durch Upleward zu machen – besonders dann, wenn man einen Abstecher ins Märchenreich unternehmen möchte.

Adresse Dodo-Wildvang-Straße, 26736 Krummhörn | Anfahrt von Emden auf der Larrelter Straße in die Krummhörn, bis nach Upleward fahren | Öffnungszeiten jederzeit | Tipp Die Kirche aus dem 13. Jahrhundert und der Glockenturm aus dem 19. Jahrhundert sind sehenswert.

94__Das alte Rentamt

Finanzamt anno dazumal

Wie aus der Bezeichnung leicht abzuleiten ist, war das alte Rentamt, auch Rentmeisterhaus genannt, ein Amtsgebäude. An sich ist das nicht unbedingt erwähnenswert, doch ist dieses das einzige seiner Art in der Krummhörn.

Eingerichtet wurden Rentämter ab dem Spätmittelalter, um die Finanzen eines Landesherrn oder der Kirche zu verwalten. In erster Linie ging es natürlich um die Erträge aus verpachtetem Land. Leiter war ein Rentmeister. Die Nachfolger dieser Institution sind die heutigen Finanzämter. Man könnte also auch sagen, in Uttum steht das älteste Finanzamt der Krummhörn. Erbaut wurde es 1597, wobei das friesische Steinhaus als Vorbild diente. Auffällig ist der Staffelgiebel im Stil der Renaissance. An den Giebelfüßen sind kleine, zum Teil recht verwitterte Plastiken von Zwillingslöwenköpfen zu erkennen. Bemerkenswert sind auch die geschmiedeten Maueranker. Ein Gebäude, das Macht und Reichtum ausstrahlen sollte. Dasselbe gilt für den fast 50 Quadratmeter großen Saal mit seinem imposanten Kamin. Hier konnte in angemessener Atmosphäre verhandelt werden. Später wurde noch eine Gulfscheune angebaut, um das Haus auch landwirtschaftlich nutzen zu können. Diese ist heute jedoch nicht mehr vorhanden.

In erster Linie ging es im Rentamt um landwirtschaftliche Erträge. Denn der Marschboden war fruchtbar und besonders gut für den Getreideanbau geeignet. Die Marschbauern waren reich, ganz im Gegensatz zu den Geestbauern, deren Böden nicht viel hergaben. Das Rentamt wurde 1979 vom Regionalverband »Ostfriesische Landschaft« gekauft, um es vor dem Verfall zu bewahren. Nach einer fachgerechten und aufwendigen Restaurierung wurde es 1996 wieder verkauft und befindet sich heute in Privatbesitz. Steuern und Abgaben werden hier nicht mehr eingetrieben. Dafür stellt das Rentamt heute ein kleines Schmuckstück dar, dessen Besuch man sich nicht entgehen lassen sollte.

Adresse Am Steinhaus, 26736 Krummhörn | **Anfahrt** von Emden auf der Landstraße nach Hinte fahren und von dort auf der Cirkwehrumer Straße nach Uttum | **Öffnungszeiten** nur von außen zu besichtigen | **Tipp** Schräg gegenüber (Am Steinhaus 3) befindet sich der alte Kolonialwarenladen aus dem 18. Jahrhundert.

95 Die alte Ziegelei

Für alle Zeiten ausgebrannt

Die verlassene Ziegelei in Uttum wurde wie viele andere in Ostfriesland dem Verfall preisgegeben. Einst wurden hier täglich die Brennöfen befeuert, Ziegelsteine wurden gebrannt, und die fertige Ware wurde ausgeliefert. Derartige Betriebe waren seit jeher fest in der Kultur Ostfrieslands verankert. Bereits Klöster brannten Ziegel, und zuvor gab es sogenannte Feldbrandmeiler: mobile Brennöfen, die Steine und Ziegel nach Bedarf herstellten. Die Landschaft bot ideale Bedingungen für die Ziegelproduktion. Zum einen lieferte das Moor den Torf als ständig verfügbares Brennmaterial für die Öfen, zum anderen gab es den Lehm aus verlandeten Buchten. Außerdem waren die Ziegeleien gut über die Wasserwege zu erreichen, sodass der Transport von Waren kein Problem darstellte.

Insbesondere Uttum ist eng mit der Ziegelbrennerei verbunden. Aus der Ortschaft stammt der älteste noch erhaltene Dachziegel Ostfrieslands, der 1458 gebrannt wurde. 1898 eröffnete die Dampfziegelei in Uttum und stellte pro Jahr zwischen drei und fünf Millionen Ziegel her. Aber auch Klinker – die für die Region typischen Backsteine – wurden von den Ziegeleien produziert. Durch die extrem hohen Temperaturen der Brennöfen wird die Oberfläche der Backsteine »versiegelt«, die Poren schließen sich. Dadurch sind die Klinker sehr widerstandsfähig und nehmen kaum Wasser auf. Sie prägen Ostfriesland bis heute und durchziehen die Ortschaften wie ein roter Faden.

Doch so erfolgreich die Ziegelfabriken auch waren – 1814 wurden etwa 11 Millionen Steine und rund 2,2 Millionen Dachziegel hergestellt –, sie konnten mit der Industrialisierung oft nicht mithalten. Das Geld für die Modernisierung fehlte, und in den 1960er Jahren begann das Sterben der Ziegeleien. So kam es, dass in den 1970er Jahren auch die Ziegelei in Uttum schließen musste. Es war das Ende einer langen Ära. Oft werden die Ruinen noch als verwunschenes Fotomotiv genutzt.

Adresse Jennelter Straße 3, 26736 Krummhörn | Anfahrt von Emden auf der Landstraße nach Hinte fahren und von dort auf der Cirkwehrumer Straße nach Uttum | Öffnungszeiten jederzeit | Tipp An der Ringstraße steht das alte Feuerwehrhaus von 1880.

96 Die Häuptlingsburg

Wo einst Ghompo und Beno residierten

»Uthym«, wie Uttum früher genannt wurde, war ein bedeutsamer Häuptlingssitz. Bedauerlicherweise kann man die Burg aus jener Zeit nicht mehr besichtigen. Aber man kann immer noch ihren alten Standort ausmachen, der bis heute gut zu erkennen ist. Die einflussreiche Häuptlingsfamilie Beninga besaß vermutlich schon im 13. Jahrhundert einen Vorgängerbau der späteren Burganlage. Diesen bauten sie im 14. Jahrhundert zu einem Steinhaus und im 15. Jahrhundert zu einer echten Burg aus. Als erster Häuptling herrschte hier Ghompo Hoyersna, zwischen 1450 und 1493 war es dann Häuptling Beno. Er war zugleich auch der Propst, also der kirchliche Vorsteher des Ortes. Solche Doppelfunktionen gab es nicht selten unter den Häuptlingen.

Noch heute sind die alten Kirchenglocken in Uttum aus dieser Zeit erhalten. Sie zeigen eine Namensgravur des Häuptlings Beno, dessen kirchliche Stellung somit verewigt wurde. Die älteste Glocke des Kirchturms stammt noch aus dem Jahre 1444. Interessant ist auch, dass die Burganlage südlich neben der Kirche lag, beide waren nur durch den Burggraben getrennt. Somit konnte der Häuptling jederzeit die »Häuser« wechseln.

Etwa ab 1795 kam es nach und nach zum Abbruch der Burg. Wenig später wurde sie schließlich komplett abgerissen. Doch das umfangreiche Wall- und Grabensystem besteht noch immer und zieht sich durch Uttum. Der quadratische Burgplatz von 40 mal 40 Metern ist gut zu erkennen, man bekommt hier einen guten Eindruck von der Beschaffenheit der früheren Anlage. Es lohnt sich, an dieser Stelle eine Pause einzulegen und sich die Burg vorzustellen. Von hier aus ist es nicht weit zur um 1250 erbauten Kirche. Es bietet sich daher an, einen kleinen Rundgang durch Uttum zu machen: Der Burggraben, die Kirche und die durch einen Zaun abgegrenzte Fläche der Vorburg bilden gemeinsam ein wunderschönes Ensemble.

Adresse Jennelter Straße 1, 26736 Krummhörn | Anfahrt von Emden auf der Landstraße nach Hinte fahren und von dort auf der Cirkwehrumer Straße nach Uttum | Öffnungszeiten jederzeit | Tipp Wer es sportlich mag, findet gute zehn Minuten entfernt die »Paintball Arena 52« (Friedenstraße 41).

97 Das Mühlentor

Glück zu!

Wer sich Postkarten aus Ostfriesland ansieht, wird auf den ersten Blick feststellen, dass Mühlen unweigerlich zur Region gehören. Sie sind Teil der Krummhörn und charakterisieren die Landschaft an der Küste. Inzwischen mahlen nur noch wenige tatsächlich Getreide, aber etliche dieser schönen Windfänger wurden liebevoll restauriert und haben im Zuge dessen auch neue Aufgaben erhalten. Viele sind inzwischen zu Cafés, Restaurants, Museen, kleinen Läden oder Büchereien geworden und können so in der ostfriesischen Landschaft weiterhin bestehen bleiben.

So erging es zum Glück auch der Uttumer Mühle. Seit 1970 ist sie offiziell außer Betrieb und begann im Lauf der Jahre mehr und mehr zu verfallen. Mehrfach wechselte sie die Besitzer, die immer wieder in die Mühle investierten und unterschiedliche Restaurierungsarbeiten vornahmen. Das war die Rettung für das schöne Bauwerk. Die Uttumer Mühle wurde bereits 1983 zu einem Café und einem Restaurant umfunktioniert. 2003 wurde sie von Wilhelm Ernst ersteigert und umfangreich saniert. Man erneuerte dabei nicht nur das Reetdach und die Galerie, sondern auch der gesamte Garten der Mühle wurde von Grund auf neu gestaltet und nach und nach instand gesetzt. 20 Lastwagenladungen waren nötig, um die alten Pflanzenreste der Rodung und den insgesamt eine Tonne schweren angesammelten Vogelkot abzutransportieren. 2004 wurden die Renovierungsarbeiten beendet. Besonders einladend ist das Mühlentor. Nur die Flügel fehlen, doch es besteht Hoffnung, dass sie eines Tages noch ergänzt werden.

Inzwischen kann man in der wunderschön hergerichteten Mühle sogar übernachten. Im angrenzenden Müllerhaus gibt es fünf Ferienwohnungen. Sie sind liebevoll eingerichtet und auch für Familien geeignet. Doch nicht nur das: Man kann die Uttumer Mühle auch für Feierlichkeiten mieten. Wieder zeigt sich, wie eine Nutzungsänderung ein historisches Bauwerk retten kann.

Adresse An der Mühle 6, 26736 Krummhörn, www.uttumer-muehle.de | Anfahrt von Emden auf der Landstraße nach Hinte fahren und von dort auf der Cirkwehrumer Straße nach Uttum | Öffnungszeiten von außen jederzeit, Anmeldung über die Website | Tipp Die alte Schmiede in der Ringstraße 20 lohnt einen Blick.

98 Die Murmelbahn

Glasklar!

Ein Fußballverein? Natürlich. Ein Tennisverein? Auf jeden Fall. Aber ein Murmelverein? Wo gibt es denn so was? Na, in Uttum! Wer sich selbst überzeugen will, fährt in das Warftendorf und schaut sich mit eigenen Augen die Murmel-Arena an. Hier werden inzwischen sogar Deutsche Meisterschaften ausgetragen.

Wie es dazu kam? Ein Zufall. Der Vorsitzende des SV Jennelt-Uttum, Willi Schunke, wartete eigentlich auf einen Fernsehbericht über den Fußballclub Erzgebirge Aue. Dieser spielte 2006 in der dritten Liga. Allerdings sah Schunke zunächst einen Beitrag über die Murmelsparte des thüringischen Vereins. Dieser war zu der Zeit gerade Deutscher Meister im Murmelspiel geworden. Zunächst fand er den Gedanken einfach nur witzig, doch dann kam ihm die Idee: Murmelspielen kann jeder als Sportart ausüben – für einen Verein die ideale Voraussetzung. Die anderen Vereinsmitglieder zu überzeugen war jedoch nicht leicht. Schließlich waren es acht Mitglieder, die die Murmel endgültig ins Rollen brachten.

Nur ein Jahr nach der Gründung nahm die sogenannte »Murmelbande« an der Deutschen Murmelmeisterschaft in Ludwigshafen teil. Und das mit Erfolg: Unter den 24 teilnehmenden Mannschaften belegten die Uttumer Platz 9. Von nun an gab es kein Halten mehr. 2007 wurde das erste Spielfeld eigenständig von den Mitgliedern gebaut, und 2009 wurde es bereits erweitert. Es gibt sogar eine Publikumstribüne für die Wettkämpfe und Meisterschaften, denn in Deutschland existieren derzeit 17 Murmelvereine. 2011 wurden die Uttumer sogar Deutscher Meister. Inzwischen sind die Murmeln aus Uttum nicht mehr wegzudenken. Am Wochenende trainieren Groß und Klein auf den Murmelbahnen, und immer neue Mitglieder lassen die Glaskugeln rollen. Die kleinsten Mitglieder, die »Murmelmäuse«, gehen noch in den Kindergarten, das älteste Mitglied ist hingegen um die 80 Jahre alt. Im Gegensatz zu fast allen anderen Sportarten ist das Murmelspiel für alle Altersstufen geeignet.

Adresse Ringstraße 1, 26736 Krummhörn | Anfahrt von Emden auf der Landstraße nach Hinte fahren und von dort auf der Cirkwehrumer Straße nach Uttum | Öffnungszeiten Aushang am Haupteingang beachten, Infos unter www.ju58.de/murmeln | Tipp Sehenswert ist das »Uttumer Schatthaus« von 1884 (Uttumer Escher 2).

99 Die Spur der Maus

Von Uttum in die USA

Aus Uttum stammt die Familie Iwwerks. Der Name sagt nicht jedem etwas, sondern nur denjenigen, die sich mit der Geschichte der Graphic Novel auskennen. Die springen sofort auf den Namen Iwwerks an und fragen, ob es da einen Zusammenhang mit Ub Iwerks (1901–1971) gibt. Und den gibt es. Ausgewandert ist allerdings dessen Vater: Eert Ubbe Iwwerks wurde am 8. Juni 1855 in Uttum geboren, ging 1869 in die USA und war dort dreimal verheiratet. Seine dritte Frau, Laura May Wagner (1874–1945), brachte am 24. März 1901 in Kansas City Ubbe Ert Iwwerks zur Welt, der sich später Ub Iwerks nannte. Sein Vater war ein ausgezeichneter Fotograf, Maler und Erfinder gewesen, der sich gleich drei Patente zur besseren Tonwiedergabe von Schallplatten gesichert hatte.

Auch Ub Iwerks war ein talentierter Künstler, der schon als Jugendlicher ausgesprochen gut zeichnen konnte. Er nutzte sein Talent und wurde Zeichner im Pesmen-Rubin Art Studio in Kansas City. Dort traf er zufällig den gleichaltrigen Walter Elias Disney (1901–1966), der sich später Walt Disney nannte. Die beiden Zeichner freundeten sich an und beschlossen, in Zukunft zusammenzuarbeiten. Disney beschaffte das Geld für ein kleines Studio, das 1920 an den Start ging – allerdings mit bescheidenem Erfolg. Der stellte sich erst ein, als Disney nach Hollywood umzog. Iwerks folgte ihm 1924. Als Disney mit seiner Figur »Oswald der lustige Hase« auf Probleme bei der Vermarktung stieß, erfand er 1928 Mickey Mouse. Genauer gesagt: Charakter und Eigenschaften der Figur. Die zeichnerische Umsetzung überließ er Ub Iwerks. Der zeichnete noch im selben Jahr den ersten Mickey-Mouse-Zeichentrickfilm mit dem Titel »Plane Crazy«. Ebenfalls 1928 brachten Disney und Iwerks als Regisseure, Animateure und Autoren mit »Steamboat Willie« den ersten Zeichentrick-Tonfilm in die Kinos. Ach ja, und den Oscar hat Iwerks natürlich auch gewonnen.

Adresse Uttum, 26736 Krummhörn | Anfahrt von Emden auf der Landstraße nach Hinte fahren und von dort auf der Cirkwehrumer Straße nach Uttum | Öffnungszeiten jederzeit | Tipp Ein besonders schöner Gulfhof steht in der Cirkwehrumer Straße 2.

100 Der Windpark

Neue Mühlen braucht das Land

Eine Mühlenzählung im Jahr 1882 ergab, dass auf dem Gebiet des Deutschen Reiches 19.900 Windmühlen standen. Eine weitere Zählung im Jahr 1895 kam auf 174 Windmühlen in Ostfriesland. In der selben Zeit besaß Berlin übrigens rund 150 Windmühlen. Dennoch wird die Windmühle natürlich der Küste zugeordnet, wo sich Windenergie besonders zuverlässig nutzen lässt.

Windmühlen sind, ganz im Gegensatz etwa zu Kirchtürmen, rein technische Bauwerke, die errichtet wurden, um die Windenergie zu nutzen. Die Propyläen Technikgeschichte, das maßgebliche Standardwerk zum Thema, bezeichnet Mühlenbauer daher auch als »die Vorläufer der Maschinenbau-Ingenieure und Wegbereiter des industriellen Maschinenbaus«. Heute werden die letzten noch vorhandenen Windmühlen dagegen oft romantisiert und somit der Technikgeschichte entrissen. Sie werden immer weniger als technische Bauwerke angesehen, die den Menschen Energie zur Verfügung gestellt haben, um Getreide zu mahlen oder Wasser zu schöpfen. Rund 60 verschiedene Anwendungsmöglichkeiten gab es.

Von Uttum aus bietet sich ein Blick in nordwestliche Richtung an, denn dort stehen besonders viele moderne Windmühlen, die kein Getreide mahlen, sondern elektrische Energie erzeugen. Sie setzen also die Tradition der alten Windmühlen fort: Auch sie sind rein technische Bauwerke. Und dennoch regte sich von Anfang an Widerstand gegen Windparks und Windkraftanlagen. Angeblich passen die modernen Mühlen nicht in die Landschaft. Die alten Windmühlen jedoch schon? Dieses Urteil ist nicht zuletzt der bereits erwähnten Romantisierung der alten Mühlen zu verdanken, die zu ihrer Nutzungszeit alles andere als romantisch waren. Müllerarbeit war Knochenarbeit. Die neuen Mühlen haben ihre eigene Ästhetik und sind klimafreundlich. Letzteres ist besonders wichtig, denn Ostfriesland ist vom steigenden Meeresspiegel existenziell bedroht.

Adresse Uttumer Straße/Eilsumer Straße, 26736 Krummhörn | Anfahrt von Emden auf der Landstraße nach Hinte fahren und von dort auf der Cirkwehrumer Straße nach Uttum | Öffnungszeiten nur von außen zu besichtigen | Tipp In der Lilienstraße 9 steht ein perfekt restauriertes Wohnhaus von 1870.

101 Die Graft

Mehr als nur ein Dorfteich

Visquard wird erstmals in einem Dokument aus dem Jahr 945 erwähnt. Archäologische Grabungen lassen allerdings den Schluss zu, dass der Ort schon weitaus länger bewohnt ist. Zu den vielen Ortsnamen, unter denen das Dorf geführt wurde, gehören etwa Wyscwyrt oder Fiscwert. Bei der Bedeutung gehen die Meinungen der Experten auseinander: Eventuell ist der Name Visquard mit Fischwarft oder Wiesenwarft zu übersetzen. Auf jeden Fall lag Visquard lange Zeit am Meer, nämlich an der Bucht von Sielmönken. Im Zuge der Verlandung und Eindeichung verlor Visquard den Zugang zur See. Die letzten Reste der Bucht von Sielmönken wurden im 13. Jahrhundert eingedeicht. Gleichzeitig stieg Visquard zum Häuptlingssitz auf, zwei Steinhäuser beziehungsweise Burgen entstanden. Während eines der beiden Steinhäuser die Zeit überdauert hat, ist das zweite verschwunden – sofern es nicht noch eine weitere Burg oder einen Vorgängerbau gegeben hat. Denn mögliche Dokumente über die Geschichte der Burgen sind ebenfalls nicht mehr vorhanden.

Im Rahmen einer Flurbereinigungsmaßnahme in den 1950er Jahren wurden fast alle Spuren der einstigen Burganlage beseitigt. Geblieben sind die Reste der Graft im Zentrum des Ortes. Dort stehen die Kirche und der Glockenturm aus dem 13. Jahrhundert. Immerhin berichten Dokumente, dass sich ein Gulfhof auf der Burgstelle nahe der Kirche befand. Doch auch der ist schon wieder verschwunden, wie andere Gulfhöfe auch. Auf Fotos aus dem frühen 20. Jahrhundert sind sie noch zu sehen, umgeben von den Graften. Leider kann man ihnen keine Geheimnisse mehr entlocken. Sie standen früher nordwestlich oder westlich der Kirche. Auch wenn heute jede Spur von ihnen fehlt, sind die Graften allein schon sehenswert und reichen aus, um mit Hilfe der Phantasie auf eine Zeitreise zu gehen – in eine Epoche, in der in Visquard noch mächtige Häuptlinge residierten.

Adresse An der Arche, 26736 Krummhörn | Anfahrt von Emden nach Pewsum fahren, dann Richtung Eilsum und vor Jennelt links nach Visquard abbiegen | Öffnungszeiten immer zugänglich | Tipp Der Gulfhof Gronewold stammt aus dem Jahr 1865 (Pewsumer Weg 3).

102 Das Häuptlingshaus

Wo der berühmte Unico residierte

Die Krummhörn ist das Land der Häuptlinge und Burgen. In jedem Dorf stand oder steht eine Burg, residierte mindestens ein Häuptling. Sie waren untereinander verfeindet, bekriegten sich, paktierten mit anderen Häuptlingen. Und immer wieder hatten sie Ärger mit den Hamburgern. Einst waren sie mächtige Bauern, später besuchten sie Universitäten. Das gilt auch für Unico Manninga (1529–1588), der in Wittenberg und Padua studierte.

Mit den Söhnen von Martin Luther verband ihn eine enge Freundschaft. Bis zu seinem Tod war er im Besitz der Lütetsburg bei Hage, die dann an die Häuptlingsfamilie Knyphausen überging. Neben Lütetsburg und Bargebur gehörte auch Visquard zu seinem Besitz. Dort ließ er 1567 ein Steinhaus errichten, um seinem Rang als Häuptling Ausdruck zu verleihen. Es war eine Art Zweitwohnsitz im Stil der damaligen Zeit. Unico war ein fortschrittlicher Herrscher, der etwa niederländischen Religionsflüchtlingen Asyl gewährte. Als seine größte Leistung gilt die Fortführung des »Lütetsburger Hausbuchs«, das von seinen Nachfahren bis heute fortgeschrieben wird. Ursprünglich war es eine Art Familienchronik, die Unico ab 1561 um Eintragungen erweitert hat, die mit der Familiengeschichte nichts zu tun hatten. Der Häuptling hielt darin nämlich vor allem die landestypischen Uniformen, Waffen und Trachten fest und berücksichtigte dabei auch die Bauern. Die Trachten wurden nicht nur beschrieben, sondern auch detailliert gezeichnet. Als Grund für das ebenso einmalige wie aufwendige Kunstwerk nannte der Autor die Vergänglichkeit. »Weil alles vergeht, will ich es festhalten«, schrieb er sinngemäß und hat damit der Nachwelt einen kostbaren Schatz hinterlassen.

Wer sein Grab besichtigen will, muss nach Norden fahren und die Ludgeri-Kirche besuchen, in der sich das Grabmal befindet. Sein Steinhaus aber steht immer noch in Visquard.

Adresse Spinnstraße 3, 26736 Krummhörn | Anfahrt von Emden nach Pewsum fahren, dann Richtung Eilsum und vor Jennelt links nach Visquard abbiegen | Öffnungszeiten nur von außen zu besichtigen | Tipp Das Haus Petersen stammt aus dem 17. Jahrhundert und beherbergt heute das Jugend- und Kulturhaus »IG Viskeert« (An der Warf 1).

103 Das Kloster Dykhusen

Nur noch ein Stein

Visquard ist eines der ältesten Dörfer der Krummhörn. Bei Ausgrabungen in den 1960er Jahren fand man heraus, dass die Warft bereits um das Jahr 800 besiedelt war. Die große Kirche im Ort ist wiederum das älteste Gebäude von Visquard. Sie wurde vermutlich zwischen 1250 und 1275 errichtet. Direkt neben der Kirche befindet sich noch ein kleiner Kirchturm. Es ist der einzige Turm der Ortschaft, und dennoch hat sich der Beiname »Toornloog« (Turmdorf) für Visquard gehalten. Noch heute rätseln Forscher über den Ursprung dieses Namens und vermuten darin einen Hinweis auf mögliche Türme von zwei Klöstern, die im Mittelalter zur Kirchengemeinde gehörten.

In Dykhusen stand zwischen 1376 und 1531 eines von ihnen. Es handelte sich ursprünglich um ein Kloster des Augustinerordens, das von ostfriesischen Häuptlingen gestiftet worden war. Das Land hatten die Häuptlinge von dem Kaplan Lüppoldus von Dykhusen gekauft. Wenig später zogen hier Nonnen des ehemaligen Klosters Osterreide ein. Ihre alte Wirkungsstätte war bei der Entstehung des Dollarts, einer Bucht südlich von Emden, untergegangen. Die Häuptlinge stellten das neue Kloster unter ihren Schutz, und um das Jahr 1451 schloss sich die Gemeinschaft dem Dominikanerorden an. Allerdings griffen 1531 Truppen des Häuptlings Balthasar von Esens an und brandschatzten das Kloster. Daraufhin verbot der Herrscher der Grafschaft von Ostfriesland, Enno II., den Wiederaufbau. Einige Jahre später wurde es schließlich als Steinbruch verkauft, nur noch das Land blieb zurück. Anstelle der alten Anlage entstanden mit der Zeit einige Bauernhöfe, man vermutet hier jedoch noch die Reste der Klosterkirche. Dies soll bei weiteren Ausgrabungen erforscht werden. Weder der Ort noch das Kloster Dykhusen sind also erhalten geblieben. Aber bei einem der Höfe in der Dykhuser Straße steht noch ein großer geschmückter Gedenkstein, der an das Kloster erinnert.

Adresse Dykhuser Straße 7, 26736 Krummhörn | Anfahrt von Emden nach Pewsum fahren, dann Richtung Eilsum und vor Jennelt links nach Visquard abbiegen | Öffnungszeiten jederzeit | Tipp Das Blumenstübchen, ein außergewöhnliches Blumengeschäft, befindet sich in der Dykhusener Drae 11.

104 Die Sandsteinuhr

Sand und doch keine Sanduhr

Das älteste Gebäude von Visquard ist vermutlich die große Kirche aus dem 13. Jahrhundert. Gegen Ende des 18. Jahrhunderts kam es durch Deichveränderungen zu einem Absinken des Grundwasserspiegels. Die Gewölbe drohten deshalb einzustürzen, und eine Holztonnendecke wurde eingezogen. Dennoch hat sich die Backsteinkirche über die Jahrhunderte gut gehalten.

Ganz besonders schön ist die noch erhaltene Sandsteinuhr, die sich am Westeingang des Gebäudes befindet. Sie stammt aus dem Jahr 1598 und enthält die beiden Wappen der Stifter: das schwedische Wappen der Königsfamilie Wasa und das ostfriesische Wappen der Häuptlingsfamilie Cirksena. Sie stehen für die Vermählung der schwedischen Prinzessin Katharina Wasa mit Edzard II., Graf von Ostfriesland.

Die beiden heirateten 1559 in Stockholm. Katharinas Vater, König Gustav I. Wasa, hatte Edzard II. die Hand seiner Tochter angeboten. Er war sehr daran interessiert, seine Macht auszubauen, und wollte an der Nordseeküste einen Zugang zum Meer. Durch die Hochzeit zwischen Katharina und Edzard hoffte er, an den strategisch günstig gelegenen Emder Hafen zu gelangen. So versprach er Edzard II. einen Handelsvertrag und die Heirat mit seiner Tochter. Nachdem die Verhandlungen ein Ende gefunden hatten, wurde Katharina Edzards Frau. Die beiden reisten nach der Hochzeit wieder nach Ostfriesland, wo Katharina schnell heimisch wurde. Sie hatte großes Interesse an der Bevölkerung und kümmerte sich intensiv um die Armen und Kranken. Außerdem kaufte sie von ihrem Brautschatz die Burg in Pewsum. Sie führte eine sehr glückliche Ehe mit Edzard und mischte sich häufig in die Regierungsangelegenheiten ihres Mannes ein. Noch heute erinnert die wunderschöne Sandsteinuhr an dieses besondere Bündnis. Sie wurde 2002 restauriert und ziert seitdem in voller Pracht das Westportal der altehrwürdigen Kirche.

Adresse Kirchstraße, 26736 Krummhörn | Anfahrt von Emden nach Pewsum fahren, dann Richtung Eilsum und vor Jennelt links nach Visquard abbiegen | Öffnungszeiten immer zugänglich | Tipp Auf dem Appinger Weg gelangt man zur Domäne Appingen.

105 Der Flutter

Aus dem Vollen schöpfen

Am Ortseingang von Wirdum befindet sich vor dem Hof Drennhusen eine kleine Wasserschöpfmühle. Es handelt sich dabei um einen sogenannten Flutter. Das Wort stammt von dem friesischen Begriff »fletta«, was »Bewegung« bedeutet. Parkt man in unmittelbarer Nähe des Hofes, gelangt man auf direktem Weg zu diesem technischen Unikat – denn ein solches ist diese Wasserschöpfmühle zweifellos.

Sie wurde um 1872 gebaut und ist inzwischen die einzige in Deutschland, die bis heute noch voll funktionsfähig ist. Bei der Doppelkolben-Wasserpumpmühle handelt es sich um die einfachste Form einer Wasserschöpfmühle. Sie besitzt Flügel aus Holzbrettern und eine ebenfalls hölzerne archimedische Schraube. Das Grundwasser kann durch die durch Flügel angetriebene Pumpe senkrecht nach oben befördert werden und gelangt in einem Auslaufrohr an die Oberfläche. So kann das Wasser in einen Hauptkanal geleitet werden, oder es wird direkt für das Vieh genutzt. Das Besondere: Die Wasserschöpfmühle war frei beweglich und konnte je nach Bedarf versetzt werden. Sie wurde mit Hilfe eines Steers – einer Windnachführung – per Hand gegen den Wind ausgerichtet.

Ursprünglich stammen die Flutter aus Holland. Sie wurden im 16. Jahrhundert erfunden, um Polder zu schaffen: eingedeichte Rückhalteflächen, die, falls nötig, geflutet werden konnten. In Ostfriesland wiederum nutzte man sie vorwiegend zur Trockenlegung der Felder, die oft unter Wasser standen. Erst Mitte des 20. Jahrhunderts wurden die Wasserschöpfmühlen durch Motorpumpen abgelöst. Der nur 6,70 Meter hohe Flutter in Wirdum steht bereits seit 1988 auf dem Hof Drennhusen. Er wurde noch bis 1919 verwendet, um die Tiere mit Wasser zu versorgen, dann wurde er stillgelegt. Doch statt des nun drohenden Verfalls der kleinen Mühle wurde diese von 1986 bis 1988 renoviert und nur 350 Meter von ihrem ursprünglichen Standort entfernt wieder aufgestellt.

Adresse Drennhusen, 26529 Wirdum | Anfahrt von Emden auf der B 210 in Richtung Georgsheil/Aurich fahren, dann links nach Loppersum abbiegen und auf der Loppersumer Straße nach Wirdum | Öffnungszeiten jederzeit | Tipp In Loppersum darf man den schiefsten Turm der Welt nicht verpassen!

106 Das Landarbeiterhaus

Schön herausgeputzt

Wirdum wurde bereits zwischen dem 8. und dem 9. Jahrhundert das erste Mal urkundlich erwähnt. Damals war es noch unter dem Namen »Vurtheim« bekannt. Es lag am Rand einer inzwischen längst verlandeten Meeresbucht. Die Ortschaft galt als wichtiger und einflussreicher Ort in der Region, da sie Handelsplatz und Häuptlingssitz war. Die Häuptlingsfamilie Beninga hatte ab dem 12. Jahrhundert in Wirdum ihren Stammsitz und förderte die Entwicklung des Ortes. Bald begann man, mehr und mehr Deiche anzulegen, um mehr Landfläche für Betriebe und Bauernhöfe zu gewinnen. Dadurch gab es auch einen erheblichen Landzuwachs an der Nordseite von Wirdum. Genau hier wurde ein Bauernhof errichtet, der noch heute existiert.

Das kleine Steinhaus hat allen Widrigkeiten, Bränden, Überflutungen und Kriegen getrotzt. Es wurde zwar immer wieder schwer beschädigt, aber stets restauriert und von den Besitzern instand gehalten. Wann genau es errichtet wurde, ist jedoch nicht mehr bekannt. Dennoch konnte man durch Untersuchungen an den Eichenholzteilen feststellen, dass die Kellerdecke und die Kehlbalken sehr alt sein müssen. Einige Teile des Hauses konnten bis in das Jahr 1517 zurückdatiert werden. Der Keller des schönen Landarbeiter-Hofes war für jene Zeit relativ groß. Dies lag wohl daran, dass hier auch Milchwirtschaft von den Bauern betrieben wurde. So konnte man Milch, Butter und Käse auch in den Sommermonaten kühl lagern.

Heute wird das Steinhaus nicht mehr bewohnt und bewirtschaftet. Eine größere Hofanlage ist in unmittelbarer Nähe entstanden. Doch das kleine, gepflegte Häuschen wurde 1994 von Grund auf renoviert und dient nun als Ferienunterkunft für Paare und Familien. Direkt nebenan befindet sich das dazugehörige Hotel »Zum großen Krug«. So bleibt das wunderschöne Haus fester Bestandteil von Wirdum und ist nach wie vor ein lebendiger Teil der Ortsgeschichte.

Adresse Neulander Weg 2, 26529 Wirdum | Anfahrt von Emden auf der B 210 in Richtung Georgsheil/Aurich fahren, dann links nach Loppersum abbiegen und auf der Loppersumer Straße nach Wirdum | Öffnungszeiten nur von außen zu besichtigen, Ferienwohnungen unter Tel. 4920/213 oder www.zum-grossen-krug.de buchbar | Tipp Die Wirdumer Kirche aus dem 13./14. Jahrhundert ist sehr sehenswert.

107 Die kleine Kirche

Klein, aber fein

Südlich von Pewsum und leicht abgeschieden liegt Woltzeten, das kleinste Dorf der Krummhörn mit nur etwa 200 Einwohnern. Die ruhige und beschauliche Ortschaft hat schon viele Jahrhunderte überstanden. Bereits im Jahr 1000 wurde Woltzeten unter dem Namen »Woltstation« erwähnt. Bis heute ist die Herkunft des Namens nicht geklärt, aber es wird vermutet, dass der Name Woltzeten von den sogenannten Wolden stammt, den Sümpfen der unmittelbaren Umgebung des Dorfes, welches mitten in der Marsch auf einer Warft liegt.

In der Mitte des Ortes steht weiß leuchtend die kleinste Kirche Ostfrieslands. Die Maße des Innenraums betragen gerade einmal 5 mal 14 Meter. Zu Beginn des 20. Jahrhunderts wurde sie um 1,80 Meter erweitert. Diese Kirche war jedoch nicht die erste des Dorfes. Der Vorgängerbau stammte aus dem 13. Jahrhundert. Die neue Kirche wurde nur zwei Jahre nach dem Abriss der alten 1725 errichtet, teilweise noch mit den Steinresten der ursprünglichen Kirche. Der kleine mittelalterliche Glockenturm aus dem 13. Jahrhundert direkt neben dem Gotteshaus ist aber noch vollständig erhalten. Viele Fahrradfahrer machen hier gern halt und nehmen sich bei einer Pause die Zeit, um über den kleinen Friedhof zu spazieren und der Kirche einen Besuch abzustatten. Die Ruhe des Ortes lädt dazu ein, auch etwas länger auf einer der Sitzbänke im Kirchhof zu verweilen.

Der Innenraum ist schlicht und hell gehalten, eine Kanzel befindet sich in der Mitte. Auch auf der Orgel wird immer wieder gespielt. Sie wurde 1955 von dem Wilhelmshavener Orgelbauer Alfred Führer angefertigt. Ein ganz besonderes Stück der kleinen Woltzetener Kirche ist das liebevoll restaurierte Taufbecken, welches ebenfalls noch aus der Vorgängerkirche stammt. Und bei einer Grundsanierung in den Jahren 1993 und 1994 erhielt die Kirche sogar ihre ursprüngliche Farbgebung zurück.

Adresse Roseneck, 26736 Krummhörn | Anfahrt von Emden nach Pewsum fahren, dann auf der Woltzetener Straße nach Woltzeten | Öffnungszeiten Aushang beachten | Tipp Das Wohnhaus aus der Mitte des 19. Jahrhunderts (Dorfring 19) ist der vordere Teil eines alten Gulfhofs.

108_Das Haus in der Laugstroat

Der Blick zurück

Das Alter des Hauses ist schnell ermittelt, denn das Jahr der Fertigstellung steht am Giebel: 1819. Es ist somit nur 30 Jahre jünger als die Kirche von Woquard, die 1789 gebaut wurde. Nur der ein oder andere Gulfhof ist im Kern älter. Westlich der Kirche soll eine Burg gestanden haben, doch ganz genau weiß das niemand. Für die vollständige Zerstörung sollen diesmal nicht die Hamburger verantwortlich gewesen sein, sondern ein Häuptling aus Pewsum, ansässig auf der Manningaburg. Konkurrenz in unmittelbarer Nähe war ihm wohl ein Dorn im Auge.

Ohnehin stand Woquard oft im Schatten des wesentlich größeren Dorfes Pewsum. Die Geschichte der Ortschaft lässt sich nicht so weit zurückverfolgen wie die anderer Dörfer in der Krummhörn. Erst Mitte des 17. Jahrhunderts wird sie als Wachtwert in einem Dokument erwähnt. Bis Ostfriesland 1744 an Preußen fiel, gehörte das Dorf den Häuptlingsfamilien Manninga und Cirksena. Das Haus in der Laugstroat wurde also in preußischer Zeit gebaut und diente als Landarbeiterhaus. Die heutigen Blockrahmenfenster sind keine Originale, aber sehr gute Rekonstruktionen. Und die regelmäßig geschnittenen Linden vor dem Haus waren kleiner, aber schon vorhanden. Linden können 900 Jahre und älter werden. Diese dürften über 200 Jahre alt und nach dem Bau des Hauses gepflanzt worden sein. Wer die Bauherren waren und wie viele Menschen in dem Haus lebten, ist nicht bekannt. Wahrscheinlich eine große Familie, deren Mitglieder auf einem der umliegenden Gulfhöfe mehr oder weniger als Leibeigene arbeiteten. Die Menschen führten ein karges Leben, das sich voll und ganz auf das Dorf konzentrierte. Es gab einen Schuster, zwei Schneider und einen Zimmermann. Im kleinen Kaufmannsladen konnte man ein paar Grundnahrungsmittel, Salz und Pfeffer erwerben.

Adresse Laugstroat 26, 26736 Krummhörn | Anfahrt von Emden nach Pewsum fahren, dann ins Nachbardorf Woquard | Öffnungszeiten nur von außen zu besichtigen | Tipp Die Marienkirche (Karkpadd 2a) liegt ganz in der Nähe.

109_Die alten Siele

Nicht mehr geöffnet

Bis 1912 besaß der Dollart auf Krummhörner und Emder Seite noch eine große Bucht, ein Überbleibsel vergangener Sturmfluten, die Wybelsumer Bucht. Das Dorf Wybelsum lag, ebenso wie Larrelt, direkt an der Emsmündung. Der neue Deich bildete einen neuen Polder, der mit Schlick aus der Ems aufgefüllt wurde. Außerdem wurde das Emsufer begradigt. Die Arbeiten zogen sich bis 1923 hin. Um das Hinterland und den neuen Polder zu entwässern, war der Bau eines neuen Siels erforderlich, denn das Knockster Verbandssiel von 1881 reichte nicht mehr aus. Also schuf man an geeigneter Stelle das Knockster Siel, auch als fiskalisches Siel, also Siel unter staatlicher Aufsicht, bezeichnet.

Doch im Laufe der Zeit stellte sich heraus, dass die beiden Siele sowie die Siele in Greetsiel und Larrelt nicht ausreichten, um die Krummhörn zu entwässern. Etwa ein Drittel des zu entwässernden Gebiets liegt unter dem Meeresspiegel. Immer wieder kam es daher zu negativen Folgen für die Landwirtschaft, da Felder nach starken Regenfällen nicht mehr bearbeitet werden konnten. Pferde und Trecker kamen in dem aufgeweichten Boden nicht mehr voran. Erst nach dem Ende des Zweiten Weltkriegs konnte der zuständige Entwässerungsverband eine Lösung vorlegen. Zunächst wurde in Greetsiel das Schöpfwerk gebaut, das 1957 seine Arbeit aufnahm. Ende der 1960er Jahre folgte das Siel und Schöpfwerk Knock. Die beiden neuen Anlagen schafften dank moderner und leistungsfähiger Pumpen, was den vier alten Sielen missgönnt war.

Die beiden Knockster Siele wurden nach dem Betriebsbeginn des Schöpfwerks Knock stillgelegt und im neuen und erhöhten Deich verbaut. Sie sind also noch da, nur eben unter Klei begraben. Ein Abriss war nicht notwendig und hätte nur weitere Kosten verursacht. Somit ist den beiden Sielen das Schicksal anderer Siele in Larrelt und Emden, mehr oder weniger spurlos zu verschwinden, erspart geblieben.

Adresse Moenkeweg 13, 26723 Wybelsum | **Anfahrt** von Emden auf der Larrelter Straße in Richtung Rysum fahren, vor dem Ort links zum Schöpfwerk Knock abbiegen | **Öffnungszeiten** jederzeit | **Tipp** Am Knockster Tief befindet sich ein Denkmal für das 1720 von einer Sturmflut zerstörte Dorf Bettewehr.

110 Die Buhne

Quer zur Ems

Die Buhne in Wybelsum ist nur eine von vielen, allerdings ist ihr Anblick bei gutem Wetter vom Deich aus ganz besonders schön und lässt einen gleich noch ein paar Schritte mehr gehen. Doch was ist eigentlich eine Buhne? Die unscheinbaren Stege ragen senkrecht zum Strand ins Meer und sind oft ein Rastplatz für Möwen. Sie erfüllen jedoch eine wichtige Funktion für den Küstenschutz. Buhnen sind von Menschen angelegte Schutzvorrichtungen aus Pfählen, die entweder aus Stein, Holz oder Beton bestehen. Sie sollen das Abtragen von Land verhindern. Außerdem brechen sie den Wellengang im rechten Winkel, sodass die Strömungen des Meeres parallel zur Küste abgeschwächt werden. Damit werden sie vom Strand ferngehalten und tragen kein Land ab.

Nicht immer funktioniert das. Je nach Lage und Wellengang der Region helfen die Buhnen beim Küstenschutz oder behindern ihn sogar. Auf der Insel Sylt werden inzwischen die meisten Buhnen wieder abgebaut. Es stellte sich heraus, dass die schmalen Dämme neuen Sand vom Strand fernhalten, der dann vorgespült wird. Doch diese hohen Sandaufspülungen sind ein viel wirkungsvollerer Schutz als die Buhnen selbst. So sollen in Zukunft nur noch vereinzelte Buhnen als Fotomotive auf Sylt zurückbleiben. An der Ostsee sieht es schon wieder anders aus. Hier sind die Buhnen gern gesehene Helfer, welche die Region an der Küste landschaftlich prägen und formen.

Obgleich gerade die traditionellen Buhnen aus Holz eine gute Figur auf einem Foto abgeben, ist Vorsicht geboten: Das Betreten der schönen Bauwerke ist untersagt und teilweise auch für Schwimmer äußerst gefährlich. Denn durch die oft recht starken Strömungen können an den Köpfen der Pfahlreihen unerwartete Strudel im Wasser entstehen. Die Unterströmung kann Schwimmer leicht in die Tiefe ziehen. Daher ist es am besten, die Küstenschönheiten aus der Ferne zu bewundern.

Adresse Kloster-Langen-Straße, 26723 Wybelsum | Anfahrt von Emden auf der Larrelter Straße in Richtung Rysum fahren, vor dem Ort links in die Straße Zum Neuen Friedhof einbiegen, rechts in die Bettewehr-Straße, dann links in die Kloster-Langen-Straße und bis zum Deich | Öffnungszeiten jederzeit | Tipp Siel und Schöpfwerk Knock liegen in unmittelbarer Nähe.

111 Der Leuchtturm

Es gibt nicht nur alte

Wie ein großer Fliegenpilz ragt der rot-weiß gestreifte Leuchtturm von Wybelsum in die Höhe. Der 18 Meter hohe Betonturm steht unweit des Ems-Deiches in der Nähe von Emden. Er liegt direkt im Wybelsumer Polder. Dabei handelt es sich um ein Auffangbecken, das verhindert, dass bei Überschwemmungen Wasser zu den nahe gelegenen Häusern fließt. Seit 1971 ist das Leuchtfeuer des Turms in Betrieb, doch der Leuchtturm, der so ganz anders als der Pilsumer Leuchtturm aussieht, hat noch eine andere Aufgabe zu erfüllen: Er wird auch als Radarturm für die Verkehrszentrale Ems eingesetzt. Diese ist für die Überwachung der Emsschifffahrt zuständig. Daher wird der Turm auch von der Verkehrszentrale ferngesteuert. Seinen Radarantennendom kann das geübte Auge schnell ausfindig machen. Er befindet sich direkt über dem Laternengeschoss.

Der Leuchtturm Wybelsum entstand etwa zur selben Zeit wie der Leuchtturm Knock, nämlich in den Jahren 1970/71. Die internationale Leuchtfeuernummer lautet B 1012. Diese Nummer ist für die Schifffahrt unglaublich wichtig. Das Leuchtfeuerverzeichnis enthält alle relevanten Daten und Informationen über die Leuchtfeuer eines Seegebietes. Damit kann der Leuchtturm zugeordnet werden, und Name, Ort und Position sind gekennzeichnet.

Der Leuchtturm in Wybelsum liegt jedoch nicht nur an der Binnenseite eines Deiches, sondern auch am größten Windpark Europas. Dieser wurde 2002 eingeweiht und bildet inzwischen ein kleines Meer aus Windrädern. So ragt der Turm als optisches Highlight unter den Windrädern hervor und ist bei einem Deichspaziergang besonders gut zu bewundern. Es führt aber auch ein Weg direkt am Leuchtturm vorbei, wobei das nächstliegende Gelände zum Schutz eingezäunt ist. Wer einen Ausflug zu dem kleinen Fliegenpilz machen möchte, kann bei schönem Wetter gleich einen längeren Spaziergang am Meer einplanen.

Adresse Kloster-Langen-Straße, 26723 Wybelsum | Anfahrt von Emden auf der Larrelter Straße in Richtung Rysum fahren, vor dem Ort links in die Straße Zum Neuen Friedhof einbiegen, rechts in die Bettewehr-Straße, dann links in die Kloster-Langen-Straße und bis zum Deich | Öffnungszeiten von außen jederzeit zu besichtigen | Tipp Die alte Wybelsumer Kirche von 1700 wurde nach einer Sturmflut neu errichtet (Brüggweg).

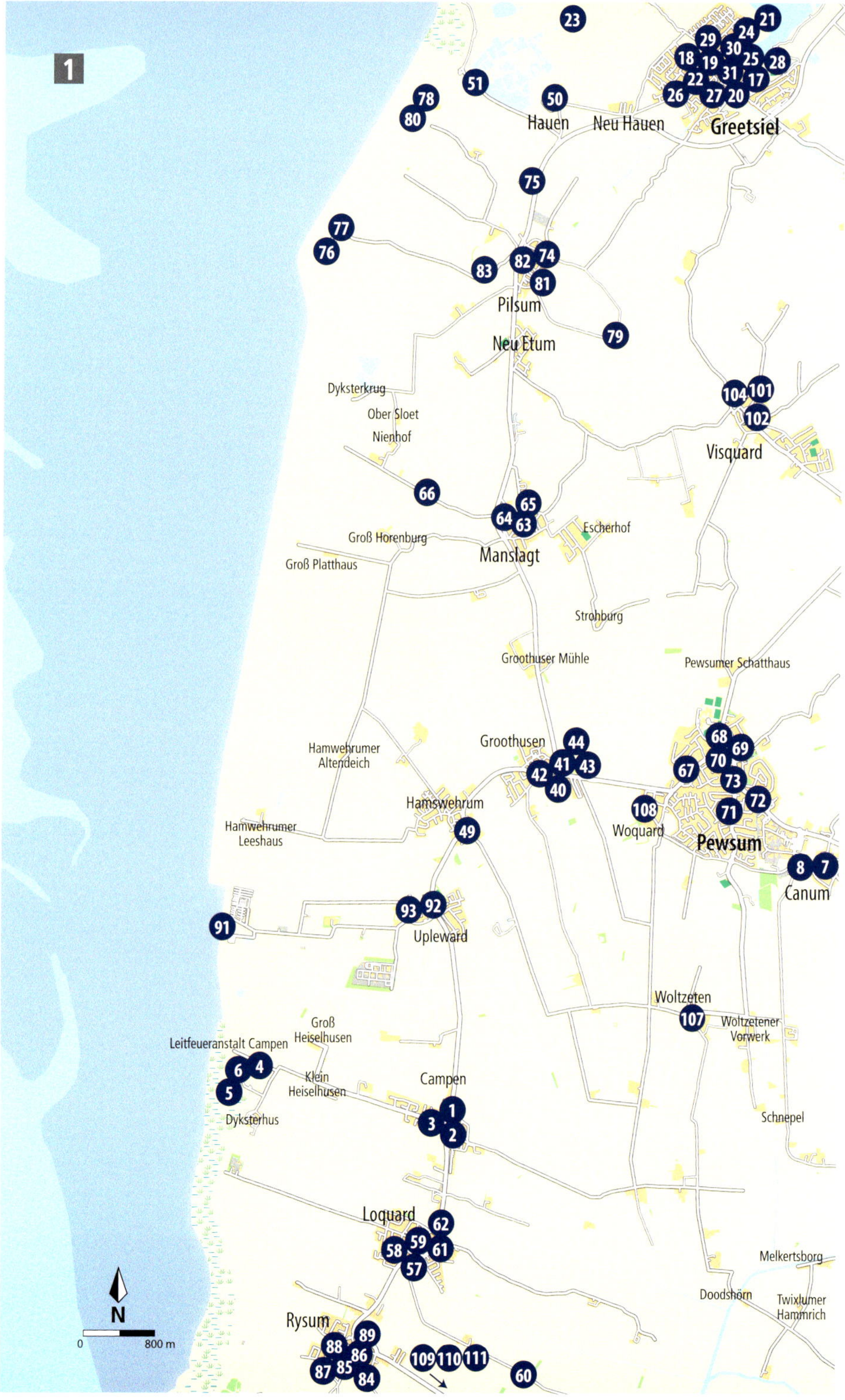
1
Hauen
Neu Hauen
Greetsiel
Pilsum
Neu Etum
Dyksterkrug
Ober Sloet
Nienhof
Visquard
Escherhof
Groß Horenburg
Manslagt
Groß Platthaus
Strohburg
Groothuser Mühle
Pewsumer Schatthaus
Hamwehrumer Altendeich
Groothusen
Hamswehrum
Hamwehrumer Leeshaus
Woquard
Pewsum
Canum
Upleward
Woltzeten
Woltzetener Vorwerk
Groß Heiselhusen
Leitfeueranstalt Campen
Klein Heiselhusen
Campen
Dyksterhus
Schnepel
Loquard
Melkertsborg
Doodshörn
Twixlumer Hammrich
Rysum
N
0
800 m

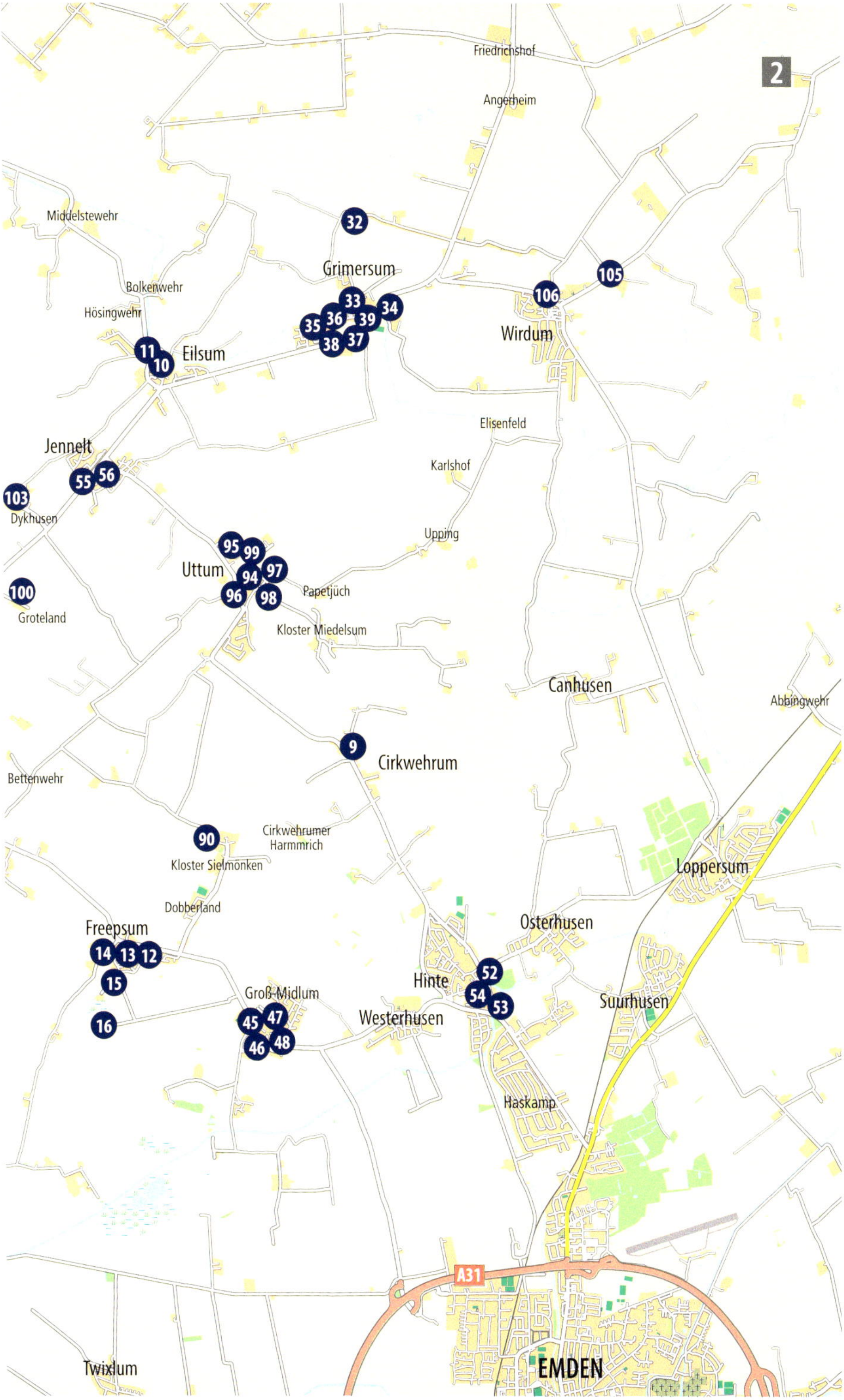
2
Friedrichshof
Angerheim
Middelstewehr
32
Grimersum
Bolkenwehr
Hösingwehr
33
34
35
36
39
37
38
106
105
Wirdum
11
10
Eilsum
Elisenfeld
Jennelt
Karlshof
55
56
103
Dykhusen
Upping
95
99
Uttum
94
97
96
98
Papetjüch
100
Groteland
Kloster Miedelsum
Canhusen
Abbingwehr
9
Cirkwehrum
Bettenwehr
90
Cirkwehrumer Harmmrich
Kloster Sielmönken
Loppersum
Dobberland
Freepsum
Osterhusen
14
13
12
15
52
Groß-Midlum
Hinte
54
53
Suurhusen
16
45
47
Westerhusen
46
48
Haskamp
A31
Twixlum
EMDEN

Ingo Stock
111 Orte auf Spiekeroog, die man gesehen haben muss
ISBN 978-3-7408-0888-4

Steven Meyer, Christopher Ferner
111 queere Orte in Hamburg, die man gesehen haben muss
ISBN 978-3-7408-1363-5

Sina Beerwald
22 Touren auf Sylt, die man gemacht haben muss
ISBN 978-3-7408-1647-6

Manfred Reuter, Lena Reuter
111 Orte auf Norderney, die man gesehen haben muss
ISBN 978-3-7408-1649-0

Bernd Flessner
111 Orte auf Juist, die man gesehen haben muss
ISBN 978-3-7408-1674-2

Michael Moll
111 norddeutsche Campingplätze, die man kennen muss
ISBN 978-3-7408-1266-9

Alexandra Schlennstedt, Jobst Schlennstedt
111 Orte in Lübeck, die man gesehen haben muss
ISBN 978-3-7408-1548-6

Maren Kaschner, Anselm Neft
111 Orte auf Rügen, die man gesehen haben muss
ISBN 978-3-7408-1549-3

Jochen Reiss
111 Orte rund um Hamburg, die man gesehen haben muss
ISBN 978-3-7408-1550-9

Rike Wolf
111 Orte in Hamburg, die uns Geschichte erzählen
ISBN 978-3-7408-1387-1

Christine Izeki, Gerald Roemer
111 Orte im Wendland, die man gesehen haben muss
ISBN 978-3-7408-1520-2

Bernd F. Gruschwitz
111 Orte in Bremen, die man gesehen haben muss
ISBN 978-3-7408-1522-6

Dorothee Fleischmann, Carolina Kalvelage
111 Orte im Weserbergland, die man gesehen haben muss
ISBN 978-3-7408-1511-0

Cornelia Kuhnert
111 Orte in Hannover die man gesehen haben muss
ISBN 978-3-7408-1513-4

Jochen Reiss
111 Orte in Nordfriesland, die man gesehen haben muss
ISBN 978-3-7408-1491-5

Jobst Schlennstedt, Alexandra Schlennstedt
111 Orte an der Ostseeküste Schleswig-Holsteins, die man gesehen haben muss
ISBN 978-3-7408-1295-9

Jochen Reiss
111 Orte in Hamburg, die man gesehen haben muss
ISBN 978-3-7408-1211-9

Sina Beerwald
111 Orte auf Sylt, die man gesehen haben muss
ISBN 978-3-7408-1389-5

Uwe Grießmann, Sonja Klima
111 Orte in und um Hildesheim, die man gesehen haben muss
ISBN 978-3-7408-1421-2

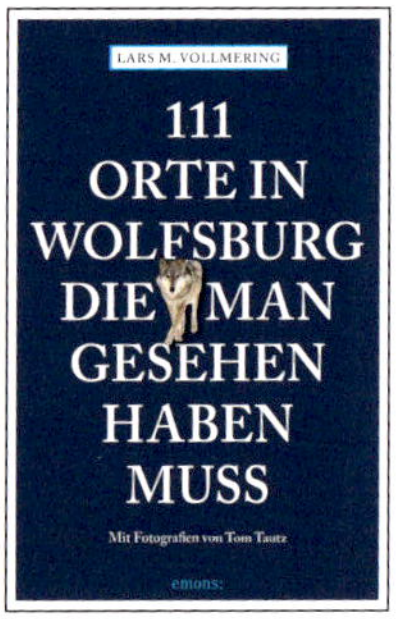

Lars M. Vollmering
111 Orte in Wolfsburg, die man gesehen haben muss
ISBN 978-3-7408-1094-8

Jela Henning
111 Orte in und um Flensburg, die man gesehen haben muss
ISBN 978-3-7408-1357-4

Jochen Reiss
111 Orte in und um Göttingen, die man gesehen haben muss
ISBN 978-3-7408-1353-6

Petra Wochnik
111 Dinge über das Wattenmeer, die man wissen muss
ISBN 978-3-7408-1081-8

Annett Rensing
111 Orte in und um Osnabrück, die man gesehen haben muss
ISBN 978-3-7408-1194-5

Cornelia Kuhnert
111 Orte rund um Hannover, die man gesehen haben muss
ISBN 978-3-7408-1351-2

Sina Beerwald
111 Orte auf Föhr, die man gesehen haben muss
ISBN 978-3-7408-1068-9

Dorothee Fleischmann, Carolina Kalvelage
111 Orte in Rostock, die man gesehen haben muss
ISBN 978-3-7408-1076-4

Dietmar Hoos
111 Orte in Kassel, die man gesehen haben muss
ISBN 978-3-7408-1188-4

Annett Rensing
111 Hamburger Meisterwerke, die man gesehen haben muss
ISBN 978-3-7408-0987-4

Michael Moll
111 deutsche Campingplätze, die man kennen muss
ISBN 978-3-7408-1170-9

Stephanie Katerle
111 Orte in Paderborn, die man gesehen haben muss
ISBN 978-3-7408-0645-3

Andreas Heineke, Sven Heineke
111 Orte in Dithmarschen, die man gesehen haben muss
ISBN 978-3-7408-0854-9

Jochen Reiss
111 Orte im Alten Land, die man gesehen haben muss
ISBN 978-3-7408-0810-5

Lena Reuter, Manfred Reuter
111 Orte in Aurich, die man gesehen haben muss
ISBN 978-3-7408-0842-6

Petra Wochnik
111 Orte auf Langeoog, die man gesehen haben muss
ISBN 978-3-7408-0839-6

Alexandra Schlennstedt, Jobst Schlennstedt
111 Orte an der Ostseeküste Mecklenburg-Vorpommerns, die man gesehen haben muss
ISBN 978-3-7408-0742-9

Stefanie Sohr
111 Orte auf St. Pauli, die man gesehen haben muss
ISBN 978-3-7408-0685-9

Sina Beerwald
111 Orte auf Sylt, die Geschichte erzählen
ISBN 978-3-7408-0726-9

Jela Henning
111 Orte in und um Schwerin, die man gesehen haben muss
ISBN 978-3-7408-0635-4

Britt Nørbak
111 Orte in Westjütland, die man gesehen haben muss
ISBN 978-3-7408-0588-3

Thomas Fuchs
111 Orte in Nordholland, die man gesehen haben muss
ISBN 978-3-7408-0553-1

Jacek Auerbach
111 Orte in Oldenburg, die man gesehen haben muss
ISBN 978-3-7408-0249-3

Tarja Prüss
111 Orte in Helsinki, die man gesehen haben muss
ISBN 978-3-7408-0342-1

Jochen Reiss
111 Orte am Nord-Ostsee-Kanal, die man gesehen haben muss
ISBN 978-3-7408-0133-5

Jana Jürß
111 Orte an der Mecklenburgischen Seenplatte, die man gesehen haben muss
ISBN 978-3-95451-536-3

Jan Gralle, Vibe Skytte
111 Orte in Kopenhagen, die man gesehen haben muss
ISBN 978-3-7408-0243-1

Kai Oidtmann
111 Orte in Island, die man gesehen haben muss
ISBN 978-3-95451-829-6

Christiane Bröcker, Babette Schröder
111 Orte in Stockholm, die man gesehen haben muss
ISBN 978-3-95451-203-4

Jochen Reiss
111 Orte in Kiel, die man gesehen haben muss
ISBN 978-3-95451-705-3

Axel Klingenberg
111 Orte im Braunschweiger Land, die man gesehen haben muss
ISBN 978-3-95451-671-1

Alexandra Schlennstedt, Jobst Schlennstedt
111 Orte in der Lüneburger Heide, die man gesehen haben muss
ISBN 978-3-95451-844-9

Vito von Eichborn
111 Orte zwischen Lübeck und Kiel, die man gesehen haben muss
ISBN 978-3-95451-339-0

Gabriele Haefs
111 Orte in Oslo, die man gesehen haben muss
ISBN 978-3-7408-1088-7

Cornelius Hartz
55 ½ Orte rund um die Reeperbahn, die man gesehen haben muss
ISBN 978-3-95451-734-3

Hannah Fleßner wurde 1991 geboren. Sie studierte Kunstgeschichte und Medienwissenschaft in Erlangen und schreibt derzeit ihre Dissertation.

Dr. Bernd Flessner wurde 1957 geboren und ist in Ostfriesland (Greetsiel) aufgewachsen. Er studierte an der FAU in Erlangen. Dort arbeitet er als Zukunftsforscher.